Journalisten 2000

Management Summary

ProfNet

Internet-Zielgruppenstudie – Band 1

Management Summary

hrsg. von Uwe Kamenz

Verlag: ProfNet Service & Dienstleistungen GmbH

Alle Rechte vorbehalten

Nachdruck, auch auszugsweise, verboten

© ProfNet Institut für Internet-Marketing, Dortmund 2000

ISBN 3-933818-16-8

Herstellung: Libri Books on Demand

Vorwort

Der Erfolg der ProfNet Internet-Branchenstudien spiegelt das große Interesse der Wirtschaft an Informationen über Internetauftritte wider. Welche sind gut, welche sind schlecht? Vor allem: Wie kommt man zu einem kundenorientierten und somit erfolgreichen Internetauftritt?

Diese Kundenorientierung richtet sich immer an den Wünschen der Kunden und somit der Zielgruppen aus. Eine Grundthese des Marketings lautet: Unterschiedliche Zielgruppe haben unterschiedliche Bedürfnisse! Die Mütter von Babies erwarten eine andere Ansprache bezüglich der Produktgruppe Zellulosewindeln als Senioren. Oder können Sie sich eine Kommunikation vorstellen, die von „inkontinenten Babies" und „nässenden Großvätern" redet? Nicht anders ist es im Internet. Auch dort erwarten unterschiedliche Zielgruppen unterschiedliche Ansprache, einen unterschiedlichen Content und unterschiedliche Lösungen von einem Internetauftritt eines Unternehmens oder einer Institution.

Die ProfNet Internet-Zielgruppenstudien wollen die bestehenden Wissenslücken bezüglich der unterschiedlichen Bedürfnisse der Zielgruppen im Internet schließen. Für die wichtigsten Zielgruppen im Internet sollen deren Wünsche und Bedürfnisse (Nachfrage) festgestellt werden. Diese werden dem Status Quo der Websites (Angebot) gegenübergestellt.

Das ProfNet Institut für Internet-Marketing (ProfNet IFIM) hat es sich zur Aufgabe gestellt, durch forschungs- und praxisorientierte Dienstleistungen die deutschen Internetauftritte kundenorientierter und damit auch international erfolgreicher zu machen. Deshalb werden nach der Dar- und Gegenüberstellung des Angebotes und der Nachfrage Internetlösungen aufgezeigt, wie Internetauftritte für die jeweilige Zielgruppe kundenorientierter und somit erfolgreicher gemacht werden können.

Die vorliegende erste wissenschaftliche Internet-Zielgruppenstudie analysiert die Internetauftritte von Industrieunternehmen, Banken, Versicherungen, Kommunen und Verbänden (Angebot) hinsichtlich ihres Internetangebotes für Journalisten und Redakteure (Nachfrage). Dieses Ergebnis wird mit den anhand von Workshops und einer Online-Befragung ermittelten realen Bedürfnissen dieser Zielgruppe verglichen. Daraus ergibt sich erstmalig für die verantwortlichen Gestalter der Internetauftritte und die PR-Manager fundiertes Basismaterial für ihre Kommunikationsarbeit mit Journalisten und Redakteuren über das Internet.

Da bisher nur vereinzelt wissenschaftliche Internet-Studien zum Angebot und zur Nachfrage einzelner Zielgruppen vorliegen, bitten wir um konstruktive Kritik, um zukünftige Studien noch präziser an Ihren Wünschen ausrichten zu können.

Dortmund, den 30. Juni 2000

Für die freundliche Unterstützung bei der Erstellung dieser Studie bedanken wir uns bei Online Relations Consulting GmbH, Schanzenstraße 56, D-40549 Düsseldorf.

Projektteam:

ProfNet Institut für Internet Marketing e.V.

Leiter: Prof. Dr. Uwe Kamenz
Emil-Figge-Str. 76-80, 44227 Dortmund
Tel.:   02 31 / 7 55 - 48 89
Fax: 02 31 / 9 74 25 21
E-Mail: kamenz@fh-dortmund.de

Dr. Peer Walter Jahn, Produktmanager ProfNet Internet-Zielgruppenstudien, Emil-Figge-Str. 76-80, 44227 Dortmund
Tel.:   02 31 / 9 74 25 20
Fax: 02 31 / 9 74 25 21
E-Mail: profnet@t-online.de

Petra Hülsmann, Produktmanager ProfNet Internet-Workshops, Emil-Figge-Str. 76-80, 44227 Dortmund

Jens Katzenberg, Student an der FH Dortmund, Fachbereich Wirtschaft

Sami Ergin, Student an der FH Dortmund, Fachbereich Wirtschaft

Wir danken allen Teilnehmern der Workshops für ihr Engagement und die Zeit, die sie für dieses Projekt aufgebracht haben.

Inhaltsverzeichnis

1. Management Summary

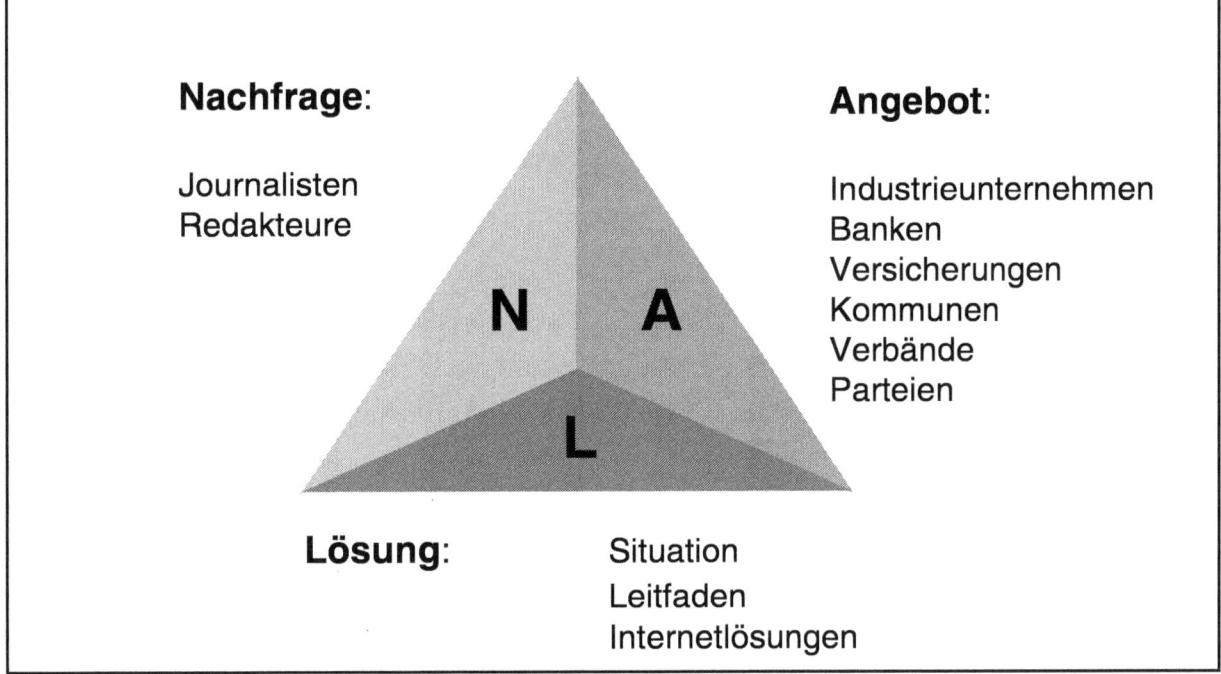

- Erarbeitung der Bedürfnisse und Wünsche der Zielgruppe Journalisten und Redakteure an die Internetauftritte von Unternehmen, Kommunen, Verbänden und Parteien.

- Feststellung, welches Angebot an Internetlösungen die Unternehmen, Kommunen, Verbände und Parteien für die Zielgruppe Journalisten anbieten, inklusive Ranking der Unternehmen und Branchen nach dem Umfang der Internetlösungen.

- Gegenüberstellung und Vergleich der Bedürfnisse der Zielgruppe (Nachfrage) mit dem konkreten Angebot der Unternehmen und Institutionen im Internet.

- Erarbeitung eines grundsätzlichen Lösungsleitfadens und von weiteren Lösungshilfen, mit denen die Internetverantwortlichen der Unternehmen, Kommunen, Verbände und Parteien die Bedürfnisse der Zielgruppe Journalisten mit ihrem Internetauftritt besser erfüllen und somit in ihrer PR- und Öffentlichkeitsarbeit erfolgreicher werden.

- Die Internet-Zielgruppenstudie Journalisten bietet für folgende Kundengruppen innovative Vorteile:

- **PR-Agenturen**: Basismaterial für die bessere Beratung der Unternehmen und Institutionen in deren Pressearbeit über das Internet.

- **Unternehmen und Institutionen**: Daten und Hilfen für die konkrete, kundenorientierte und somit erfolgreiche Pressearbeit im Internet.

- **Webagenturen**: Vorlage der geeigneten Internetlösungen in Internetprojekten mit Unternehmen und Institutionen.

- **Journalisten und Redakteure**: Aufklärung über die Möglichkeiten des Internets für ihre eigenen Wünsche und Bedürfnisse bezüglich der Pressearbeit der Unternehmen und Institutionen.

Die Studie ist in folgende Hauptteile gegliedert:

- **Nachfrage**: Qualitative und quantitative Analyse der Wünsche und Bedürfnisse der Zielgruppe; Ranking und Gewichtung der Wünsche und Bedürfnisse.

- **Angebot**: Webanalyse der Anbieter von Internetlösungen für die Zielgruppe, Darstellung nach den vier Kategorien Layout, Handling, Inhalt und Interaktivität; Ranking der besten Unternehmen und Institutionen, Darstellung aller 100 analysierten Internetauftritte.

- **Lösung**: Gegenüberstellung von Angebot und Nachfrage; Leitfaden zur zielgruppengerechten Gestaltung eines Internetauftritts; Darstellung aller denkbaren einzelnen Internetlösungen für die Zielgruppe Journalisten und Redakteure.

- **Anhang:** Methodik der Studie; Darstellung aller in die Webanalyse einbezogenen Kriterien und Internetlösungen; weitergehende Literatur und Fakten.

1.1. Ergebnisse Nachfrage (qualitative Analyse)

Innerhalb der Analyse der Wünsche und Ziele der Zielgruppe wurden als erstes zwei Workshops durchgeführt (qualitative Marktforschung), in denen sich die teilnehmenden Journalisten über Metaplantechnik zu grundsätzlichen Problemen und Fragen hinsichtlich ihres Informations- und Kommunikationsverhaltens bezüglich der Unternehmen und Institutionen äußerten.

1.1.1. Internetlösungen bezüglich Layout

- Ein durchgängig gleiches Design der Internet-Auftritte lag im Interesse aller teilnehmenden Journalisten. Besonders bemängelt wurden die verschiedenartigen Internetauftritte von Konzerngesellschaften. Fast jede Konzerngesellschaft habe eine eigene individuelle Homepage mit unterschiedlichen Menüs und Navigationshilfen. Dies erschwere die Recherche und sei sehr zeitaufwendig. Als wünschenswert wurde es angesehen, wenn diese Auftritte alle vereinheitlicht würden, was zu einer leichteren Orientierung und somit zu einer Zeitersparnis führe.

- Ablehnend standen die Teilnehmer des 1. Workshops der Möglichkeit von Audio-Einspielungen gegenüber. Sei es als Liveübertragung oder als Aufzeichnung, so wurde dies doch eher als technischer Rückschritt empfunden.

- Für einzelne Teilnehmer des 2. Workshops war die Nutzung von Audiosequenzen nur dann von Interesse, wenn diese auch zum Download zur Verfügung stehen. Dies gilt hauptsächlich für Hörfunkredakteure.

1.1.2.   Internetlösungen bezüglich Handling

- Das schnelle und einfache Finden von Informationen ist für Journalisten von großer Wichtigkeit. Dazu müssen alle wichtigen Seiten von der Startseite aus erreichbar sein. Auch Suchfunktionen helfen oder ein Button, der die Zielgruppe direkt in den für die Zielgruppe relevanten Bereiche führt.

- Es wurde der Wunsch nach schnellen Zugriffsmöglichkeiten laut. Als gut wurde eine maximale Anzahl von drei Klicks genannt, um zum entsprechenden Thema zu gelangen. In diesem Zusammenhang wurde die Mouse-Over-Funktion auf einer Homepage als optimale Internetlösung genannt.

- Zudem wurde verstärkt darauf hingewiesen, dass es immer noch eine Reihe von Webauftritten von Unternehmen gibt, bei denen weder eine Möglichkeit des „Seite zurück" noch ein Button für „zurück zur Homepage" existiere.

- Auch wurden die teilweise langen Ladezeiten von entsprechenden Seiten bemängelt. Ein einfaches aber ansprechendes Design der Seiten wurde als ausreichend angesehen. Fotos oder auch Grafiken würden die Geschwindigkeit beeinträchtigen. Daher sollte auf diese aus Sicht dieser Zielgruppe verzichtet werden, zumindest in den für sie relevanten Bereichen. Grafiken und Fotos sollten daher besser in einem gesonderten Bildarchiv (siehe Internetlösungen bezüglich Inhalt) dargestellt und abrufbar sein.

1.1.3.   Internetlösungen bezüglich Inhalt

- Eine erhebliche Rolle spielte für alle Teilnehmer das Thema Aktualität. Die Presse erwartet aktuelle Informationen über die Anbieter. Bezüglich der Aktualität berichteten die Teilnehmer, dass oftmals Presseinfos an Informationsdienste herausgegeben werden, der Internet-Auftritt diese Meldung aber noch nicht enthalte

- Hinsichtlich des Umfangs der Information wurde auf die Notwenigkeit der Vollständigkeit hingewiesen. Für eine ausführliche Berichterstattung sind nach Darstellung der Zielgruppe ausführliche Informationen, Hintergrundinformationen, Spezial- und Fachinformationen notwendig.

- Insgesamt ist festzuhalten, dass die Journalisten die Internet-Auftritte von Unternehmen auch zu eigenen Recherchezwecken nutzen und somit dort nicht nur Informationen, sondern insbesondere auch Bilder der Mitarbeiter erwarten.

- Das Herunterladen von Bilder u. Texten ist für Journalisten von besonderer Bedeutung. Allerdings müsse die Downloadmöglichkeit einfach gestaltet sein.

- Die Akkreditierung für Journalisten spielt ebenfalls eine große Rolle, so dass Informationen kanalisiert für diese Zielgruppe zur Verfügung stehen.

- Des Weiteren wurde darauf hingewiesen, dass die Unternehmen die Zielgruppe Journalisten bislang als potentielle Kunden vernachlässigen würden. Spezielle Angebote für Journalisten (Journalistenrabatte) wurden gefordert, beispielsweise besondere Tarife bei den Mobilfunkanbietern, welche auf den Seiten dieser auch speziell zu erkennen sind.

- Journalisten sind an Unterhaltung im Internet wenig oder nicht interessiert. So war festzustellen, dass es zu keiner Nennung von z.B. Gewinnspielen von Seiten der Teilnehmer des 1. Workshops kam. Begründet wurde dies mit der geringen Zeit, die den Teilnehmern für Internet-Recherchen zur Verfügung steht. Unterhaltungsseiten sind dieser Zielgruppe nicht wichtig. Gemeint war Unterhaltung im Sinne von Gewinnspielen oder "Moorhühner jagen". Im zweiten Workshop dagegen war man der Darstellung von z.B. Inhouse-Witzen nicht abgeneigt. Genannt wurde auch, den Internetauftritt mit Musik zu hinterlegen, was letztlich auch eine Form der Unterhaltung darstellt..

- Es wurde darauf hingewiesen, dass eine einfache Wegbeschreibung wie sie bei vielen Unternehmen zu finden ist, nicht ausreichend sei. Man wünschte sich, dass diese um Hinweise auf Parkplätze in der Nähe der Unternehmen erweitert würden.

- Teilnehmer des zweiten Workshops betonten, dass die Möglichkeit des Downloads von Audiofiles sinnvoll sei. Dies wurde damit begründet, dass in Reportagen der Originalton bzw. die Originalstimme eingearbeitet werden kann, ohne dass ein persönliches Interview stattgefunden hat.

- Weniger Werbebanner u.ä. wurde ebenfalls gewünscht, da diese schließlich keine essentiellen Informationen enthielten, die der Zielgruppe bei ihrer Recherche weiterhelfe.

1.1.4. Internetlösungen bezüglich Interaktivität

- Als wünschenswert wurde in der Diskussionsrunde die Möglichkeit von Chatrooms und Foren genannt, da dort die Möglichkeit der sofortigen Kommunikation mit dem Gegenüber bestehen würde.

- Als großes Problem wurden auch die Antwortzeiten auf E-Mail-Anfragen genannt. Daraus entwickelte sich eine Diskussion, inwiefern die direkte E-Mail-Anfrage an die entsprechende Person einer Sammel-E-Mail-Adresse vorzuziehen sei. Oberstes Gebot für die Anbieter müsse es sein, die Zuständigkeiten im E-Mail-Verkehr zu klären.

- Weiterhin müsse es zur Gewohnheit werden, die E-Mail mit der Visitenkarte zu versehen, um die notwendigen Informationen für eine konventionelle Kontaktaufnahme zu erhalten.

- Als sehr positiv wurden Liveübertragungen von Aktionärsversammlungen oder Analystentreffen im Internet bezeichnet. Grund für diese positive Resonanz sei die Zeit- und Arbeitsersparnis, durch die Möglichkeit, diese Veranstaltungen live im Internet verfolgen zu können.

- Der Wunsch nach einer Online-Anmeldungen oder Akkreditierungen über das Internet für verschiedene Veranstaltungen durch die Unternehmen wurde genannt.

1.1.5.   Ranking der Zielgruppenbedürfnisse

Nach der Wichtigkeit sortiert ergeben sich folgende 5 Internetlösungen, die nach Meinung der Teilnehmer jedes Unternehmen mit Pressearbeit in ihrem Internetauftritt umsetzen müßte:

Gesamt-rang	Internetlösungen	Kategorie	Platz WS 1 (Punkte)	Platz WS 2 (Punkte)	WS 1 + WS2 (Punkte)
1.	Infos aktuell	Inhalt	3	2	5
2.	Call-Back-Service	Interaktivität	-	3	3
3.	Mouse – Over- Funktion	Handling	2	-	2
4.	Online-Anmeldung für Events	Interaktivität	1	-	1
4.	Ansprechpartner – Funktionsträger - E-Mail	Inhalt	-	1	1

Legende: WS = Workshop   3 Punkte = hohe Priorität   1 Punkt = niedrige Priorität

- Aktuelle Informationen stellen die wichtigste Internetlösung für die Journalisten dar. Gemeint ist damit nicht nur, dass die Informationen im Internet aktuell sind, sondern dass permanent neue und somit aktuell am Geschehen im Unternehmen stehende Informationen bereitgestellt werden.

- Der Call-Back-Service als zweitwichtigste Internetlösung verlangt, dass nach Anklicken eines solchen Buttons und Eingabe des eigenen Namens, ein zuständiger Mitarbeiter in kürzester Zeit zurückruft.

- Die Mouse-Over-Funktion ist eine technische Lösung, die bei der Überstreifung eines Bereiches mit der Maus Untermenüs öffnet, ohne dass ein zeitraubender Klick notwendig ist.

- Online-Anmeldungen bei Events wie z.B. Sportveranstaltungen erleichtern und beschleunigen die notwendigen bürokratischen und sicherheitsrelevanten Hürden beim Zugang zu Events und Veranstaltungen.

- Ebenfalls unter den 5 Top-Wünschen sind Angaben über die E-Mail-Adresse der

Funktionsträger beim Anbieter wie z.B. dem Vorstand.

1.1.6.   Zusammenfassung

Das Internet wird teilweise schon heute schwerpunktmäßig als Rechercheinstrument eingesetzt. Dabei ist die Aktualität für Printredakteure wichtiger als für TV-Redakteure. Die Nachricht von gestern ist für Tageszeitungen in der Regel schon zu alt, für Fachzeitschriften und den TV-Bereich durchaus noch akzeptabel.

Die Möglichkeit des Herunterladens von Bild- und Textmaterial wird von Printredakteuren in Anspruch genommen. Mindestens 300 dpi (Bildmaterial) sind erforderlich, das Format spiele keine größere Rolle, da diese konvertierbar sind. Für Fernsehredakteure sind Video- und Audio-Files unbrauchbar, da diese im Internet von schlechter Qualität und somit für den TV-Einsatz nicht geeignet sind.

Liveübertragungen zur Informationsbeschaffung werden aufgrund der daraus folgenden Zeitersparniss ebenfalls von Printredakteuren gewünscht.

Die Nutzung von geschlossenen Bereichen mit Passwortzugang für Journalisten wurde in den Workshops als ungeeignete Lösung beschrieben.

1.2. Ergebnisse Nachfrage (quantitative Analyse)

Innerhalb eines Zeitraums von ca. zwei Wochen hatten Journalisten die Möglichkeit, an einer Online-Befragung teilzunehmen. Im Folgenden sind die Ergebnisse der Befragung in den Kategorien Handling, Layout, Inhalte und Interaktivität dargestellt. Die angegebenen Prozente beziehen sich nicht auf die Gesamtzahl der Befragten, sondern auf die Anzahl der Antworten.

1.2.1. Internetlösungen bezüglich Layout

- Die Nutzung von Audio und Video als gestalterisches Element ist für 21 % bzw. 28 % der befragten Journalisten von Bedeutung.

- Bewegte Elemente wünschen sich nur 11 %. Damit sind nicht Laufbänder mit z.B. Börsenkursen gemeint, sondern bewegte Grafiken oder Objekte.

1.2.2. Internetlösungen bezüglich Handling

- Einen Navigationsbutton für die Zielgruppe Presse gaben alle Befragten als sinnvoll an.

- Eine Mouse-Over-Funktion wünschen sich 58 %.

- Eine Volltextsuche wurde von allen Befragten gewünscht. Die indexorientierte Suche wurde noch von 89 %, die Sitemap von 79 % als Hilfsmittel genannt.

1.2.3. Internetlösungen bezüglich Inhalt

- 89 % der Befragten möchten die Namen wichtiger Mitarbeiter oder Funktionsträger beim Anbieter erfahren. Für 78 % ist die Angabe der E-Mail-Adresse wichtig und für 71 % die Angabe der Telefon- bzw. Faxnummer. Die Fotos von den Funktionsträgern sind nur noch für 37 % der Befragten von Bedeutung.

- Alle Befragten möchten den Namen des Pressesprechers oder Leiter PR beim Anbieter erfahren. Ebenfalls für alle ist die Angabe der E-Mail-Adresse und die Angabe der Telefon- bzw. Faxnummer wichtig. Ein Foto des Pressesprechers ist allerding für nur 33 % der Befragten von Bedeutung.

- Die graphische Auflösung von downloadfähigen Fotos ist für 33 % unwichtig. 53 % möchten, dass Fotos mit einer Auflösung größer als 300 dpi zur Verfügung gestellt werden. 12 % reicht eine Auflösung kleiner 300 dpi. Hinsichtlich des Formats gaben 94 % das jpg-Format an. Das tif-Format würden noch 44 % akzeptieren. Bmp- und eps-Format wird von weniger als je 20 % der Befragten verlangt. Für 13 % der Befragten ist das Format unwichtig.

- Immerhin 84 % der Befragten möchten auch Bilder zum Download bereitgestellt haben. 78 % wünschen sich Pressetexte und 74 % wünschen sich allgemeine Informationen über den Anbieter zum Downloaden. Videos zum Download wünschen sich dagegen nur 28 %. Die überwiegende Zahl der Befragten wünscht sich die Text im doc-Format (86 %). 64 % können sich den Text als pdf-File vorstellen und 57 % würden auch noch das txt-Format akzeptieren. Für 7 % ist das Format unwichtig.

- 50 % der Befragten gaben an, sich für einen Pressespiegel mit aktuellen Pressestimmen zu interessieren. 39 % wünschten sich auch entsprechende Archive mit älteren Pressestimmen.

- Alle Befragten waren der Meinung, dass für sie nicht nur die aktuellen Pressemitteilungen von Bedeutung seien, sondern auch die bereits archivierten.

- 78 % der Befragten waren der Ansicht, dass Links mit ausführlichen Beschreibungen bzgl. des zu erwartenden Inhalts hinterlegt sein müßten.

- Die Wegbeschreibung ist für 53 % der Befragten von Bedeutung. Das heißt auch, dass ein Teil der Befragten sich nicht vorstellen kann, jemals in die Bedrängnis zu kommen, einen Anbieter aufsuchen zu müssen.

1.2.4.   Internetlösungen bezüglich Interaktivität

- Der Einsatz eines Call-Back-Services wurde von 78 % der Befragten gewünscht.

- 32 % der Befragten wünschen sich einen Chat mit dem Pressesprecher des Anbieters und ebenfalls 32 % wünschen sich ein Forum innerhalb der Zielgruppe.

- Die Möglichkeit den Internet-Auftritt des Anbieters auf die eigenen speziellen Bedürfnisse anzupassen würden 37 % der Befragten befürworten.

- Einen geschlossenen Nutzerbereich für Journalisten wünschen sich 44 % der Befragten.

- Im Rahmen eines Newsletter-Abos möchten 88 % diesen in Form einer E-Mail übertragen bekommen. 7 % würden lieber ein Fax erhalten.

- 84 % der Befragten möchten sich für Events wie Pressekonferenzen online anmelden können.

- Allgemeine Informationen über den Anbieter würden sich 75 % online bestellen wollen.

1.2.5.   Ranking der Zielgruppenbedürfnisse

Nach der Wichtigkeit sortiert, ergaben sich folgende Internetlösungen, die nach Meinung der Teilnehmer jedes Unternehmen mit Pressearbeit in ihrem Internetauftritt haben müßte:

Rang	Internetlösungen	Kategorie	Prozent
1.	Button für besondere Zielgruppe	Handling	100,0
1.	Suchfunktion – Volltextsuche	Handling	100,0
1.	Info – für die Presse	Inhalt	100,0
1.	Info – für die Presse (Archiv)	Inhalt	100,0
1.	Ansprechpartner – Presse - Name	Inhalt	100,0
1.	Ansprechpartner – Presse – Tel/Fax	Inhalt	100,0
1.	Ansprechpartner – Presse – E-Mail	Inhalt	100,0
8.	Formate – Fotos jpg	Inhalt	94,0 (von 84% s.u.)
9.	Suchfunktion – Index	Handling	89,0
10.	Newsletter – Abo – E-Mail	Interaktivität	88,0
11.	Online-Anmeldung für Events, Presse-konferenzen	Interaktivität	84,0
11.	Download – Fotos	Inhalt	84,0

- Neben dem individuellen Button für die Presse (Zielgruppe) auf der Startseite, einer Volltextsuchfunktion und eventuellen Pressemitteilungen ist vor allem die Kontaktmöglichkeit zum Pressesprecher des Anbieters mit Angabe von Telefon, Fax und E-Mail ein Muß.

- Downloadfähige Fotos werden hauptsächlich im jpg-Format gewünscht.

- Eine Indexsuchfunktion und nicht zuletzt die Möglichkeit sich für einen Newsletter (als E-Mail) akkreditieren zu lassen beschreiben zusätzliche, wesentlichen Wünsche dieser Zielgruppe.

- Darüber hinaus würden sich die Journalisten vorzugsweise online für Veranstaltungen anmelden.

1.2.6.   Zusammenfassung

Auch wenn die Umfrage nicht den Anspruch erhebt, für die gesamte Zielgruppe repräsentativ zu sein und auch nicht innerhalb der Zielgruppe nach Art der Bericht-erstattung unterscheidet, so lassen sich dennoch klare Ergebnisse ableiten. Die Mitteilungen, die unter dem Begriff Sonstiges dem Projektteam dargestellt wurden, verstärken die Ergebnisse der Befragung und bringen keine Hinweise auf neue Aspekte. Klare Strukturen der Internet-Auftritte, Personalisierungen, Angabe der Handy-Nummer des Presse-Managers, Fotos zum Downloaden und ein Pressearchiv seien an dieser Stelle genannt. Darüber hinaus die stärkere Nutzung der interaktiven Möglichkeiten. Eigentlich Selbstverständlichkeiten, aber die Erfahrung hat die Zielgruppe offenbar gelehrt, dass sie mit diesen Wünschen in der Web-Wüste steht.

1.3. Ergebnisse Angebot

Auf der Basis der Workshopergebnisse und auf der Basis der Online-Befragung wurde zur Feststellung der Unterschiede zwischen Nachfrage und Angebot eine Bestandsanalyse von insgesamt 100 Anbietern aus verschiedenen Bereichen durchgeführt. Dazu zählten:

50 Industrieunternehmen

15 Banken

15 Versicherungen

10 Städte/Kommunen

8 große Verbände (Industrie, Gewerkschaften, Sport)

2 politische Parteien

1.3.1. Internetlösungen bezüglich Layout:

- Audiosequenzen werden von 12 % der Anbieter eingesetzt. Videos sind bei 15 % zu finden. Der Einsatz dieser Features wird oftmals abgelehnt aufgrund der relativ langen Ladezeiten und der damit noch verbundenen hohen Kosten. Trotzdem würden dem Nutzer solche Elemente helfen, bestimmte Inhalte leichter und schneller zu verstehen.

- Bewegte Elemente (animated gifs) wurden bei keinem Auftritt gefunden. Laufbänder mit News oder dem Börsenkurs wurden hier nicht als bewegte Animation gewertet. Einerseits wären längere Ladezeiten in Kauf zu nehmen, andererseits wird der Internetauftritt vom gestalterischen Aspekt her aufgelockert. Die befragte Zielgruppe verzichtet lieber auf diese.

- Die Nutzung einer Web-Cam wurde ebenfalls bei keinem Anbieter gefunden. Selbst die Städte bieten einen solchen Service nicht an, obwohl damit optische Eindrücke der Stadt vermittelt werden könnten

1.3.2. Internetlösungen bezüglich Handling

- 80 % der Verbände/Parteien bieten einen Navigationsbutton für die Zielgruppe Presse. Der Gesamtdurchschnitt liegt bei 55 %, d.h. fast die Hälfte der Anbieter überläßt es der Phantasie der Nutzer/Journalisten, die für sie relevanten Informationen und Kontaktmöglichkeiten innerhalb der gesamten Webpräsenz zu finden.

- Die Mouse-Over-Funktion wird bislang überwiegend von Kreditinstituten eingesetzt. Dies ist verständlich, da gerade Kreditinstitute oftmals sehr umfangreiche Internetauftritte haben, die es gilt, von der Navigation her übersichtlich zu halten.

- Die Suchfunktion als elementares Mittel, um innerhalb eines Webauftritts relevante Informationen zu finden, wird in unterschiedlichen Ausprägungen angeboten: Die Volltextsuche mit durchschnittlich 56 %, eine Indexsuche mit nur 12 %. Positiv zu werten ist, dass 90 % der analysierten kommunalen Websites eine Volltextsuche erlauben. Offenbar ist dies für diese jedoch Anlass, eine Sitemap nicht anzubieten, obgleich gerade diese einen schnellen Überblick über den gesamten Internetauftitt gewährleistet.

1.3.3. Internetlösungen bezüglich Inhalt

- 82 % der analysierten Anbieter sind mit ihren Seiten auf einem akzeptablen Aktualisierungsgrad. Das kann auch von den hier gewählten Anbietern erwartet werden, schließlich handelt es sich durchweg um große und bekannte Unternehmen, Städte oder Verbände.

- Die Namen von Funktionsträgern werden von 39 % der Anbieter innerhalb des Pressebereichs bekanntgegeben. D. h. aber auch, dass 61 % den direkten Kontakt zu verantwortlichen Mitarbeitern nicht wünschen. Es sei an dieser Stelle noch einmal darauf hingewiesen, dass mit dieser Aussage nicht gemeint ist, dass nicht irgendwo in einem Text der Name erwähnt wird (... wie unser Bürgermeister sagte). Vielmehr wird auf eine gesonderte Darstellung / Liste von den Persönlichkeiten verzichtet. Der Nutzer muß umständlich alle Seiten des Internetauftritts betrachten, um eventuell an diese Information zu gelangen.

- Dort, wo der Name des Funktionsträgers fehlt, fehlt in der Regel auch die Angabe der E-Mail-Adresse bzw. die Angabe der Telefonnummer. Einige geben zwar den Namen an, nicht aber dessen Telefonnummer/E-Mail.

- Fotos der Funktionsträger sind die Ausnahme. Nur insgesamt 7 % (allesamt Industrieunternehmen) stellen dem Namen des Funktionsträgers auch sein Konterfei zur Seite. Unverständlich, da Kontakt zwischen Menschen stattfindet und zu wissen, mit wem (sein Aussehen) man redet, schafft im allgemeinen ein gesundes Kommunikationsklima.

- Dass nur 56 % der Anbieter ihren Pressesprecher ausdrücklich benennen ist unverständlich. Die Autoren unterstellen, dass alle analysierten Anbieter jemanden beschäftigen, der diese Aufgabe innehält. Von 10 Verbänden/Parteien haben nur 2 ihren Pressesprecher genannt. Der Rest möchte offenbar nicht, dass der Pressesprecher nach außen bekannt wird.

- Das Foto der Pressesprecher wird wie bei den anderen Funktionsträgern in der Regel nicht dargestellt (10 %), bei den Versicherungen und Städten überhaupt nicht. Auch hier ist ein positives Image nicht gefragt.

- Telefonnummer oder Faxnummer bietet nicht einmal jeder zweite Anbieter (47 %). Die Daten lassen sich nicht mit der Angabe der E-Mail-Adresse kumulieren. Sicher ist, dass einige Anbieter sowohl die traditionellen Kommunikationswege und die E-Mail-Adresse bekanntgeben und einige weder das eine noch das andere. Insgesamt geben 43 % der Anbieter eine E-Mail-Adresse bekannt. Demzufolge wird das Telefon/Fax als Kommunikationsweg immer noch der E-Mail vorgezogen

- Ein Bildarchiv wird von 31 % der analysierten Anbieter präsentiert, von den Industrieunternehmen 48 %, von den Versicherungen nicht. 26 % der Anbieter ermöglichen ein Download von Fotos. Die Diskrepanz zwischen diesen 26 % und dem geringfügig höheren Prozentsatz erklärt sich dadurch, dass es Anbieter gibt, die dem Nutzer zwar ein Verzeichnis schöner Bilder präsentieren, dieses offenbar aber nicht ohne Gegenleistung dem Nutzer, Redakteur oder Journalist zur Verfügung stellen will.

- Vorgefertigte Pressetexte zum Download werden von nur 17 % der Anbieter der in dieser Studie behandelten Zielgruppe zur Verfügung gestellt. Wenn also nicht gleichzeitig allen Journalisten und Redakteuren dieser Pressetext in Form einer E-Mail zugeht (was aber überwiegend nicht der Fall ist), sind diese aufgefordert, den Text vom Bildschirm abzuschreiben.

- Unternehmens- / Stadtinformationen oder Imagebroschüren zum Download werden von 65 % der Anbieter bereitgestellt, allerdings nur von 20 % der analysierten Städte. Diese für die Anbieter kostengünstige (Druck und Versand entfällt) Informationsbeibringung wird immer noch zu selten eingesetzt.

- Das Downloaden von Videos bieten nur 10 % an. Hier sind Konkurrenzpotentiale noch nicht ausgeschöpft. Es fällt auf, dass keine Stadt ein Video zur Verfügung stellt. Das verwundert, da doch gerade Städte hier ein Instrument an der Hand haben, dass nicht nur der Zielgruppe Presse helfen würde, sondern vor allem der Zielgruppe Touristen.

- Pressestimmen, also die Darstellung von Berichten über den Anbieter in den Medien, bieten gerade mal 3 der 100 analysierten Webauftritte. Demzufolge werden auch keine entsprechenden Archive angeboten.

- Die unter dem Oberbegriff "Wir über uns" gefaßten Informationen über den Anbieter selbst werden in nennenswertem Umfang von nur 48,5 % zur Verfügung gestellt. Das eigene Image im Internet zu präsentieren ist offenbar nicht gewollt. Und wer dennoch diese Informationen bekommen möchte, findet mit etwas Glück diese zum Download (s.o.).

- Informationen für die Presse, also Pressemitteilungen, wurden immerhin von 94 % angeboten, ein entsprechendes Archiv allerdings nur von 58 %. Das heißt, viele Anbieter glauben, dass ältere Pressemitteilungen für die Journalisten und Redakteure nur von untergeordneter Bedeutung sind.

- Terminhinweise für allgemeine Events /Messen, Hauptversammlungen, Stadtfeste oder Verbandstagungen und Parteitagungen werden im Schnitt von 59 % angeboten, nur jedes zweite Industrieunternehmen und nur jede dritte Versicherung. Entsprechend dieser Philosophie ist auch die Angabe von Pressekonferenzen mit 56 % eher gering. Die letzte Zahl alleine würde die Ausrede zulassen, dass derartige Termine immer erst kurzfristig anberaumt werden. Zusammen mit den fehlenden Termininformationen zu anderen Veranstaltungen muß eher eine Absicht oder schlicht Unwissenheit oder schlechte Beratung unterstellt werden.

- Viele Anbieter stellen wie im Internet üblich, sogenannte Links zu anderen Anbietern zur Verfügung. 93 % der analysierten Anbieter geht davon aus, dass die gelisteten Links und die Inhalte der Zielseiten jedermann bekannt sind. Denn nur 7 % geben Beschreibungen der Zielseiten mit an.

- 29 % haben eine Wegbeschreibung innerhalb ihres Internetauftritts. Sechs von 10 Großstädten stellen keine Wegbeschreibung zu ihren wichtigen kommunalen Einrichtungen (z.B. dem Rathaus) zur Verfügung. Eine Parkplatzbeschreibung bezüglich der Endziele ist mit nur 13 % noch seltener. Damit wird der Nutzer / Besucher gezwungen, beim Anbieter anzurufen und nach dem Parkplatz zu fragen, auch wenn die Wegbeschreibung schon im Netz ist.

1.3.4. Internetlösungen bezüglich Interaktivität

- Von nur einem Unternehmen wird ein Call-Back-Service angeboten. Dieses Formular ermöglicht dem Redakteur oder Journalisten, seiner gewünschten Kontaktperson mitzuteilen, wann er zurückgerufen werden möchte. Dies wäre eine deutliche Arbeitserleichterung für die Zielgruppe. So dauert es oft viele vergebliche Anrufe bis der Kontakt hergestellt ist.

- Einen speziellen Chatroom zum Pressesprecher bieten nur 2% der Anbieter.

- Eine Antwort auf häufig gestellte Fragen, die selbst formuliert werden können (im Gegensatz zu einer Liste von Antworten auf vorformulierte Fragen) erhalten die Nachfrager nur bei einem Unternehmen.

- Das spezielle Forum nur für Journalisten wird ebenfalls von nur einem Unternehmen angeboten.

- Die Möglichkeit, sich den Internetauftritt des Anbieters für seine Bedürfnisse so zusammenzustellen, dass für den Nutzer unwichtige Teile ausgeblendet werden, bieten lediglich 6 % der Anbieter.

- Ein spezieller Bereich des Internetauftritts nur für Journalisten wird ebenfalls nur von einem Anbieter bereitgestellt.

- 30 % der Anbieter ermöglichen die regelmäßige Zusendung eines Newsletters nach Anforderung durch den Nutzer in Form einer E-Mail. Damit verpassen 70 % der Anbieter die Chance, die Journalisten und Redakteure regelmäßig auf

Neuigkeiten und Termine hinzuweisen. Dem Nutzer wird es selbst überlassen, zu recherchieren, ob neue für ihn relevante Informationen beim Anbieter zu finden sind. 3 % der Anbieter senden den Newsletter auch als Fax zu.

- Die Online-Anmeldung für z.B. Pressekonferenzen, Messen oder Hauptversammlungen bieten lediglich drei der 100 analysierten Anbieter. Auch hier muss der Journalist zum Telefon greifen, um seine Anmeldung bekanntzugeben.

- Die Online-Bestellung von Informationen wie Imagebroschüren wird von 58 % der Anbieter zur Verfügung gestellt. Nur drei der zehn größten Städte bieten diesen Service. Auch hier wird vermutlich erwartet, dass der Nutzer zum Telefon greift.

1.3.5.   Ranking der Internetlösungen der Anbieter

Auf der Basis der Angebotsanalyse mit 44 gesuchten und analysierten Internetlösungen, wurde folgende Rangfolge (Top 12 bezogen auf den Durchschnitt) der benutzen Internetlösungen festgestellt:

Rang	Internetlösungen	Alle	KI	Städte	Vers.	Verb.	Ind.
1.	Info – für die Presse	94,0%	**100,0%**	80,0%	93,3%	**100,0%**	94,0%
2.	Aktualität der Seiten	82,0%	66,7%	**100%**	66,7%	**100,0%**	84,0%
3.	Download - Unternehmensinfos	65,0%	**80,0%**	20,0%	46,7%	50,0%	78,0%
4.	Info – Termine (Messen, HV)	59,0%	**73,3%**	**100%**	33,3%	80,0%	50,0%
5.	Info – für die Presse (Archiv)	58,0%	**73,3%**	50,0%	46,7%	40,0%	62,0%
5.	Online-Bestellung Unternehmensinfos	58,0%	**73,3%**	30,0%	53,3%	30,0%	66,0%
7.	Suchfunktion - Volltextsuche	56,0%	60,0%	**90,0%**	46,7%	40,0%	54,0%
7.	Info – Termine (Pressekonferenzen)	56,0%	60,0%	**100,0%**	20,0%	80,0%	52,0%
7.	Ansprechpartner – Presse - Name	56,0%	**73,3%**	50,0%	53,3%	20,0%	60,0%
10.	Button für besondere Zielgruppe	55,0%	40,0%	60,0%	46,7%	**80,0%**	56,0%
11.	Info – „Wir über uns"	48,5%	46,7%	45,0%	**50,0%**	**50,0%**	49,0%
12.	Ansprechpartner – Presse – Tel/Fax	47,0%	**60,0%**	50,0%	33,3%	20,0%	52,0%

Legende: KI   Kreditinstitute,
            Vers. Versicherungen,
            Verb. Verbände/Parteien,
            Ind.   Industrie

- Demnach bieten durchschnittlich 94 % der analysierten Seiten grundsätzlich presserelevante Seiten in Form von „Pressemitteilungen" an.

- Diese sind in der Regel aktuell, d.h. nicht älter als eine Woche bzw. war es erkennbar, dass der Pressebereich innerhalb der letzten 7 Tage bearbeitet worden ist.

- Immerhin noch 65% der Anbieter erlauben das Downloaden von Informationen über das Unternehmen, den Verband oder die Stadt.

Insbesondere fällt auf, dass innerhalb der fünf Branchen erhebliche Differenzen bezüglich einzelner Internetlösungen bestehen. Aufgeschlüsselt nach der Gruppierung aller einzelnen Internetlösungen zu den Kategorien Layout, Handling, Inhalt und Interaktivität ergeben sich für die fünf untersuchten Branchen folgende Resultate:

Rang	Unternehmen	Anzahl	Layout	Hand-ling	Inhalt	Interak-tivität	Gesamt
1.	Industrie	50	0,3	2,9	14,1	1,4	18,7
2.	Banken	15	0,3	2,7	12,2	1,0	16,2
3.	Städte	10	0,2	2,4	9,5	0,3	12,4
4.	Versicherungen	15	0,1	2,1	8,8	0,9	11,9
5.	Verbände / Parteien	10	0,2	2,4	8,2	0,8	11,6
	Gesamt	100	0,3	2,4	11,1	1,1	14,8
	Maximal		5,0	10,0	25,0	15,0	50,0

- Mit 14,8 von maximal 50 erreichbaren Punkten ist das Angebot an zielgruppenrelevanten Internetlösungen mehr als mager, sogar als indiskutabel zu werten.

- Insbesondere die Möglichkeiten der Interaktivität werden fast gar nicht genutzt. Dies führt zu dem Schluss, dass die Unternehmen und Institutionen mit der Zielgruppe Journalisten und Redakteure überhaupt nicht kommunizieren wollen. Eine Riesenchance für jedes einzelne Unternehmen hier Leadership mit geringem Aufwand zu erreichen.

1.3.6.   Gesamtranking der einzelnen Anbieter

Das Ergebnis aller 100 analysierten Anbieter von Internetlösungen für die Zielgruppe ist auf den folgenden Seiten dargestellt. Das Gesamtergebnis ist mit durchschnittlich 14,8 Punkten von 50 (das sind weniger als 30 %) mangelhaft. Insbesondere das schlechte Abschneiden im Bereich Interaktivität führte zur Abwertung. Die ersten drei Plätze werden von insgesamt fünf Unternehmen eingenommen. Nur diesen fünf Unternehmen gemein ist, dass sie mehr als 50 % der Punkte erreicht haben. Den ersten Platz mit 28 Punkten belegt die Veba AG, dicht gefolgt von der BASF AG mit 27,5 Punkten. Den dritten Platz teilen sich mit je 27 Punkten die Mannesmann AG, die Preussag AG und die Ruhrkohle AG. Zumindest in Ansätzen haben diese Unternehmen erkannt, wie wichtig ein auf die Zielgruppe Journalisten ausgerichteter Internetauftritt für die Konzernkommunikation ist.

Nur 50 % der analysierten Anbieter kann eine zumindest ausreichende Webpräsenz bescheinigt werden. Alle anderen Anbieter haben einen mangelhaften oder gar ungenügenden Internet-Auftritt.

Gesamtranking nach der Gesamtpunktzahl TOP 1 bis 100

Rang	Unternehmen	Layout	Hand-ling	Inhalt	Inter-aktivität	Gesamt
1	Veba AG	0,0	4,0	20,0	4,0	28,0
2	BASF AG	1,0	5,0	19,5	2,0	27,5
3	Mannesmann AG	2,0	2,0	21,0	2,0	27,0
3	Preussag AG	0,0	4,0	18,0	5,0	27,0
3	Ruhrkohle AG	2,0	4,0	18,0	3,0	27,0
6	Hoechst AG	2,0	4,0	16,5	2,0	24,5
6	Bertelsmann AG	0,0	2,0	20,5	2,0	24,5
8	Metallgesellschaft AG	0,0	3,0	20,0	1,0	24,0
8	RWE AG	0,0	3,0	18,0	3,0	24,0
10	Bayer. Hypo- und Vereinsb.	1,0	2,0	17,5	3,0	23,5
10	Ergo Versich.-Gruppe AG	0,0	4,0	17,5	2,0	23,5
12	Continental AG	0,0	6,0	15,0	2,0	23,0
12	Landeskreditanstalt Baden-Würtemberg	0,0	7,0	15,0	1,0	23,0
12	VIAG AG	2,0	3,0	16,0	2,0	23,0
15	DEBIS AG	2,0	1,0	17,0	2,0	22,0
16	Metro AG	0,0	3,0	17,0	1,0	21,0
17	Aral AG	0,0	2,0	16,5	2,0	20,5
17	Dt. Lufthansa AG	1,0	3,0	14,5	2,0	20,5
17	Gehe AG	0,0	3,0	15,5	2,0	20,5

Rang	Unternehmen	Layout	Hand-ling	Inhalt	Inter-aktivität	Gesamt
20	Dresdner Bank AG	0,0	3,0	15,0	2,0	20,0
20	Deutsche Bank AG	2,0	6,0	11,0	1,0	20,0
22	Allianz AG	1,0	4,0	13,0	1,0	19,0
22	Bayer AG	2,0	4,0	12,0	1,0	19,0
22	Gerling	0,0	3,0	15,0	1,0	19,0
22	DG Bank	1,0	5,0	12,0	1,0	19,0
26	Depfa Bank	0,0	2,0	16,5	0,0	18,5
27	Siemens AG	0,0	4,0	13,0	1,0	18,0
27	Stinnes	0,0	2,0	15,0	1,0	18,0
27	Robert Bosch GmbH	0,0	2,0	14,0	2,0	18,0
27	DaimlerChrysler AG	2,0	2,0	12,0	2,0	18,0
27	SPD	2,0	2,0	12,0	2,0	18,0
27	Landesbank Hessen Thüringen Girozentrale	0,0	3,0	14,0	1,0	18,0
33	KFW Kreditanstalt für Wiederaufbau	0,0	1,0	15,5	1,0	17,5
33	RWE Energie AG	0,0	3,0	13,5	1,0	17,5
33	RWE-DEA AG	0,0	2,0	14,5	1,0	17,5
36	Shell	0,0	3,0	13,0	1,0	17,0
36	Köln	0,0	3,0	14,0	0,0	17,0
38	Schickedanz Holding	0,0	1,0	13,5	2,0	16,5
39	Veba Oel AG	0,0	4,0	9,0	3,0	16,0
39	SparHandels-AG	0,0	3,0	12,0	1,0	16,0
39	Preussen Elektra AG	0,0	3,0	11,0	2,0	16,0
39	Henkel AG	0,0	5,0	11,0	0,0	16,0
39	Debeka	0,0	0,0	15,0	1,0	16,0
39	Deutsche Post AG	0,0	1,0	14,0	1,0	16,0
39	BPI	0,0	3,0	11,0	2,0	16,0
46	Karstadt AG	0,0	3,0	10,0	2,0	15,0
46	Otto Versand	0,0	0,0	14,0	1,0	15,0
46	Bremen	0,0	4,0	11,0	0,0	15,0
46	Frankfurt am Main	0,0	3,0	12,0	0,0	15,0

Rang	Unternehmen	Layout	Hand-ling	Inhalt	Inter-aktivität	Gesamt
46	Audi AG	0,0	1,0	12,0	2,0	15,0
51	Bankgesellschaft Berlin	0,0	1,0	12,0	1,0	14,0
51	Konzern Versicherungs-kammer Bayern	0,0	1,0	13,0	0,0	14,0
51	Norddeutsche Landesbank	0,0	1,0	13,0	0,0	14,0
51	Bayerische Landesbank	0,0	2,0	12,0	0,0	14,0
51	Münchner Rück	0,0	2,0	10,0	2,0	14,0
51	Dortmund	0,0	3,0	11,0	0,0	14,0
51	DEHOGA	0,0	2,0	12,0	0,0	14,0
58	MAN AG	0,0	1,0	11,5	1,0	13,5
59	Edeka-Gruppe	0,0	3,0	10,0	0,0	13,0
59	Stuttgart	0,0	3,0	9,0	1,0	13,0
61	Deutsche Telekom AG	0,0	3,0	9,0	0,5	12,5
62	Düsseldorf	0,0	3,0	9,0	0,0	12,0
62	München	0,0	2,0	9,0	1,0	12,0
62	Commerzbank AG	0,0	1,0	11,0	0,0	12,0
62	Deutsche Bahn AG	0,0	3,0	9,0	0,0	12,0
62	Thyssen-Krupp AG	0,0	1,0	10,0	1,0	12,0
62	Franz Haniel & Cie. GmbH	0,0	0,0	11,0	1,0	12,0
68	Deutsche BP AG	0,0	1,0	10,5	0,0	11,5
69	WestLB	0,0	4,0	6,0	1,0	11,0
69	DASA DaimlerChrysler	0,0	3,0	8,0	0,0	11,0
69	HUK-Coburg	0,0	2,0	9,0	0,0	11,0
69	CDU	0,0	2,0	7,0	2,0	11,0
69	DSL Holding AG	0,0	2,0	7,0	2,0	11,0
69	Verband der Zeitungs-verleger	0,0	2,0	9,0	0,0	11,0
75	Hamburg	0,0	2,0	8,5	0,0	10,5
76	DGB	0,0	3,0	7,0	0,0	10,0
76	Zürich-Agrippina Gruppe	0,0	2,0	6,0	2,0	10,0
76	AXA Colonia Konzern AG	0,0	2,0	7,0	1,0	10,0
76	Bv. der deutschen Industrie	0,0	2,0	8,0	0,0	10,0

Rang	Unternehmen	Layout	Hand-ling	Inhalt	Inter-aktivität	Gesamt
80	Berlin	2,0	1,0	6,5	0,0	9,5
80	DBV-Winterthur	0,0	2,0	7,5	0,0	9,5
82	Arbeitgeberverband Gesamtmetall	0,0	4,0	4,0	1,0	9,0
82	Volkswagen AG	0,0	1,0	7,0	1,0	9,0
82	Deutscher Sportbund	0,0	2,0	6,0	1,0	9,0
85	BMW AG	0,0	1,0	7,5	0,0	8,5
85	Esso	0,0	1,0	6,5	1,0	8,5
87	Kölnische Rück	0,0	3,0	4,0	1,0	8,0
87	Deutscher Fussball Bund	0,0	2,0	6,0	0,0	8,0
89	Ford-Werke AG	2,0	1,0	4,0	0,0	7,0
89	Lb. Schleswig-Holstein	0,0	0,0	6,0	1,0	7,0
89	R + V	0,0	1,0	5,0	1,0	7,0
92	Essen	0,0	0,0	5,0	1,0	6,0
92	Rewe-Gruppe	0,0	3,0	3,0	0,0	6,0
92	Parion	0,0	4,0	2,0	0,0	6,0
92	HDI	0,0	0,0	5,0	1,0	6,0
92	Adam Opel AG	0,0	1,0	5,0	0,0	6,0
97	Aachener und Münchener	0,0	1,0	3,0	0,0	4,0
97	Tengelmann	0,0	0,0	4,0	0,0	4,0
99	Aldi-Gruppe	0,0	0,0	3,5	0,0	3,5
100	Lidl & Schwarz Stiftung	0,0	0,0	3,0	0,0	3,0
	Durchschnitt	0,3	2,4	11,1	1,1	14,8
	Maximal	5,0	10,0	25,0	10,0	50,0

1.3.7.   Einzelergebnisse der TOP 5

Internetlösungen bezüglich Journalisten

- ✓ **Button für besondere Zielgruppe**
  Mouse over - Funktion
  Suchfunktion - Index
- ✓ Suchfunktion - Sitemap
- ✓ **Suchfunktion - Volltextsuche**

  Pressestimmen - aktuell
  Pressestimmen - Archiv
- ✓ **Pressemitteilungen - aktuell**
- ✓ **Pressemitteilungen - Archiv**

- ✓ **Download - Fotos**
  Download - Pressemitteilungen

- ✓ **Wegbeschreibung**
  Parkplatzbeschreibung

- ✓ **Name - Pressesprecher**
  Foto - Pressesprecher
- ✓ **Telefon/Fax - Pressesprecher**
- ✓ **e-mail - Pressesprecher**

- ✓ **Name - Funktionsträger**
- ✓ **e-mail - Funktionsträger**

  Call-Back-Service
  Chat - Pressesprecher
- ✓ **Newsletter - Abo - e-mail**
  Newsletter - Abo - Fax
  Individuelle Homepage für Journalisten
- ✓ **Online-Anmeldung für Events**
- ✓ **Online-Bestellung Infomaterial**

Layout	Handling	Inhalte	Interaktivität	Gesamtergebnis
0,0	4,0	20,0	4,0	28,0

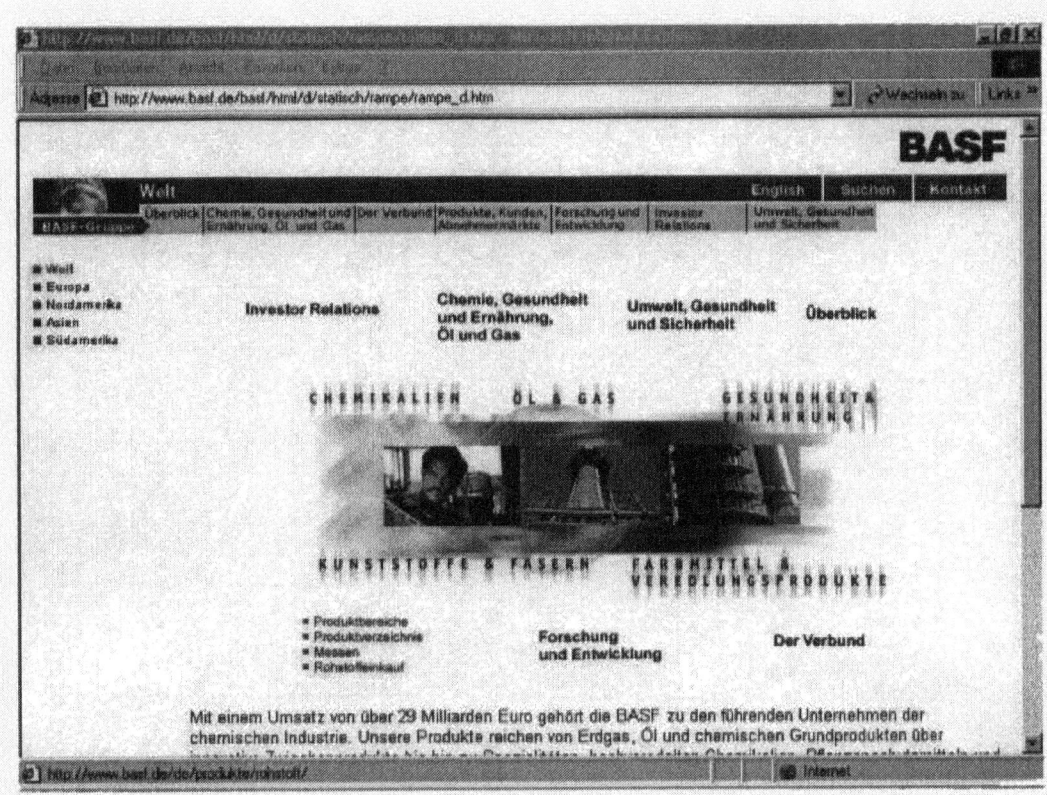

Internetlösungen bezüglich Journalisten

Button für besondere Zielgruppe
✓ **Mouse over - Funktion**
Suchfunktion - Index
Suchfunktion - Sitemap
✓ **Suchfunktion - Volltextsuche**

Pressestimmen - aktuell
Pressestimmen - Archiv
✓ **Pressemitteilungen - aktuell**
Pressemitteilungen - Archiv

✓ **Download - Fotos**
Download - Pressemitteilungen

Wegbeschreibung
Parkplatzbeschreibung

✓ **Name - Pressesprecher**
✓ **Foto - Pressesprecher**
✓ **Telefon/Fax - Pressesprecher**
✓ **e-mail - Pressesprecher**

✓ **Name - Funktionsträger**
✓ **e-mail - Funktionsträger**

Call-Back-Service
Chat - Pressesprecher
✓ **Newsletter - Abo - e-mail**
Newsletter - Abo - Fax
Individuelle Homepage für Journalisten
Online-Anmeldung für Events
✓ **Online-Bestellung Infomaterial**

Layout	Handling	Inhalte	Interaktivität	Gesamtergebnis
1,0	3,0	19,5	2,0	25,5

Internetlösungen bezüglich Journalisten

- ✔ Button für besondere Zielgruppe
  Mouse over - Funktion
  Suchfunktion - Index
- ✔ **Suchfunktion - Sitemap**
- ✔ **Suchfunktion - Volltextsuche**

  Pressestimmen - aktuell
  Pressestimmen - Archiv
- ✔ **Pressemitteilungen - aktuell**
- ✔ **Pressemitteilungen - Archiv**

- ✔ **Download - Fotos**
- ✔ **Download - Pressemitteilungen**

- ✔ **Wegbeschreibung**
- ✔ **Parkplatzbeschreibung**

- ✔ **Name - Pressesprecher**
  Foto - Pressesprecher
- ✔ **Telefon/Fax - Pressesprecher**
  e-mail - Pressesprecher

- ✔ **Name - Funktionsträger**
- ✔ **e-mail - Funktionsträger**

  Call-Back-Service
  Chat - Pressesprecher
- ✔ **Newsletter - Abo - e-mail**
  Newsletter - Abo - Fax
  Individuelle Homepage für Journalisten
  Online-Anmeldung für Events
- ✔ **Online-Bestellung Infomaterial**

Layout	Handling	Inhalte	Interaktivität	Gesamtergebnis
2,0	2,0	21,0	2,0	27,0

ProfNet Institut für Internet-Marketing   Zielgruppenstudie Journalisten 2000

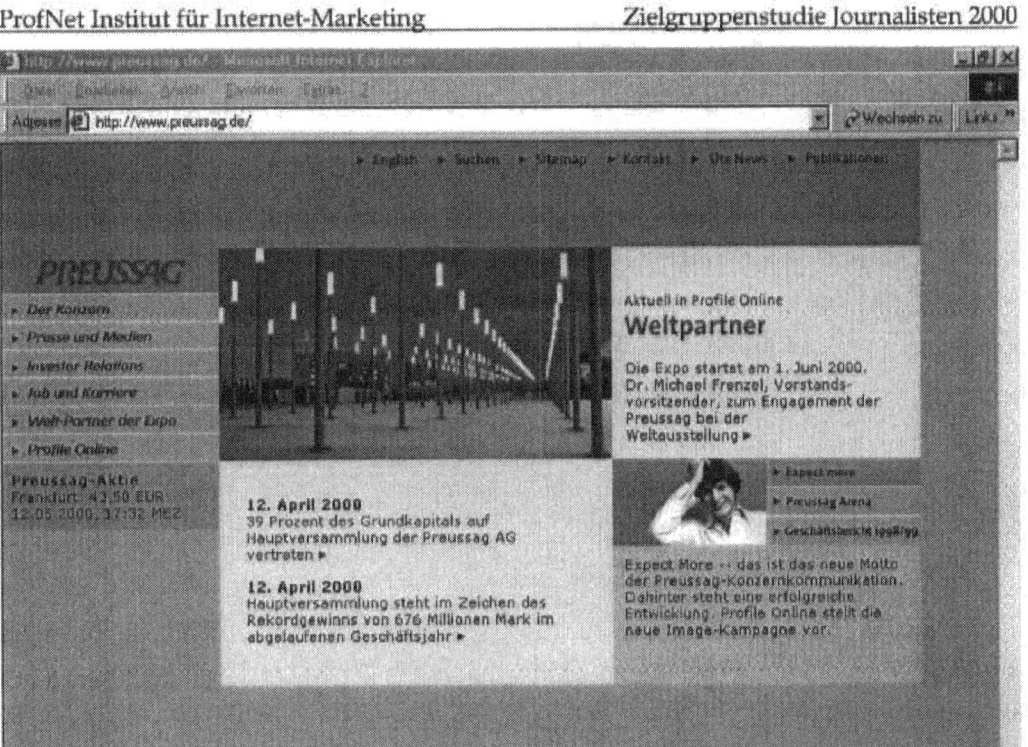

Internetlösungen bezüglich Journalisten

✓ **Button für besondere Zielgruppe**
   Mouse over - Funktion
   Suchfunktion - Index
✓ **Suchfunktion - Sitemap**
✓ **Suchfunktion - Volltextsuche**

   Pressestimmen - aktuell
   Pressestimmen - Archiv
✓ **Pressemitteilungen - aktuell**
✓ **Pressemitteilungen - Archiv**

✓ **Download - Fotos**
   Download - Pressemitteilungen

   Wegbeschreibung
   Parkplatzbeschreibung

✓ **Name - Pressesprecher**
   Foto - Pressesprecher
✓ **Telefon/Fax - Pressesprecher**
✓ **e-mail - Pressesprecher**

✓ **Name - Funktionsträger**
✓ **e-mail - Funktionsträger**

✓ **Call-Back-Service**
   Chat - Pressesprecher
✓ **Newsletter - Abo - e-mail**
   Newsletter - Abo - Fax
   Individuelle Homepage für Journalisten
✓ **Online-Anmeldung für Events**
✓ **Online-Bestellung Infomaterial**

Besonderheiten: download Akkreditierungsformular EXPO 2000

Layout	Handling	Inhalte	Interaktivität	Gesamtergebnis
0,0	4,0	18,0	5,0	27,0

ProfNet Institut für Internet-Marketing   Zielgruppenstudie Journalisten 2000

Internetlösungen bezüglich Journalisten

✔ **Button für besondere Zielgruppe**
  Mouse over - Funktion
  Suchfunktion - Index
✔ **Suchfunktion - Sitemap**
✔ **Suchfunktion - Volltextsuche**

  Pressestimmen - aktuell
  Pressestimmen - Archiv
✔ **Pressemitteilungen - aktuell**
✔ **Pressemitteilungen - Archiv**

✔ **Download - Fotos**
  Download - Pressemitteilungen

✔ **Wegbeschreibung**
  Parkplatzbeschreibung

✔ **Name - Pressesprecher**
  Foto - Pressesprecher
✔ **Telefon/Fax - Pressesprecher**
✔ **e-mail - Pressesprecher**

✔ **Name - Funktionsträger**
✔ **e-mail - Funktionsträger**

  Call-Back-Service
  Chat - Pressesprecher
✔ **Newsletter - Abo - e-mail**
✔ **Newsletter - Abo - Fax**
  Individuelle Homepage für Journalisten
  Online-Anmeldung für Events
✔ **Online-Bestellung Infomaterial**

Layout	Handling	Inhalte	Interaktivität	Gesamtergebnis
2,0	4,0	18,0	3,0	27,0

1.3.8.   Zusammenfassung

Das Gesamtergebnis aller Internetseiten der analysierten Anbieter hinsichtlich der spezifischen Bedürfnisse und Lösungswünsche von Journalisten und Redakteuren lautet „mangelhaft". Die Chancen und Möglichkeiten des neuen Mediums werden nur unzureichend erkannt und nach wie vor nicht umgesetzt. Mit durchschnittlich 14,8 von maximal 50 zu erreichenden Punkten ist das formale Ergebnis der Angebotsanalyse mangelhaft. Das Fehlen der gestalterischen Mittel und die fast völlige Ignorierung der interaktiven Möglichkeiten stellt sich so nachteilig heraus, dass dies auch durch zum Teil sogar zufriedenstellende Ergebnisse im Bereich Inhalte nicht ausgeglichen werden kann. Die Entwicklung des Internets ist offenbar an den dieser Studie zugrundeliegenden Anbietern vorbeigegangen: Praktisch keine Zielgruppenorientierung im Bereich Inhalte und völlig fehlende Integration der Interaktivitätsmöglichkeiten des Internets.

1.4. Ergebnisse Lösung

Die Gegenüberstellung von Angebot und Nachfrage verdeutlicht die Defizite der Anbieter hinsichtlich ihrer Kommunikation zu den Journalisten und Redakteuren. Auch wenn bezüglich einzelner Internetlösungen die Wünsche und Bedürfnisse an das Medium Internet zum Teil schon heute erfüllt werden, so zeigt der Vergleich auch, wo die genannten Defizite zu finden sind und sich die Lösungsansätze für die erfolgreiche Kommunikation mit der Zielgruppe in die Zukunft ergibt.

1.4.1. Internetlösungen bezüglich Layout

- Einhaltung der CI / CD (Corporate Identity / Corporate Design) der Webseiten wurde in beiden Workshops genannt. In der Angebotsanalyse wurden diese Daten nicht erhoben, da aus früheren ProfNet Internet-Branchenstudien bekannt war, dass zumindest bei großen Unternehmen eine einheitliche Navigation eingehalten wird.

- Die Nutzung von Audioeinspielungen, in den Workshops einmal genannt, wurde von 21 % der Teilnehmer der Online-Befragung gewünscht. Dem stehen 12 % aus der Angebotsanalyse gegenüber.

- Hinsichtlich der Nutzung bewegter Elemente hatten sich die Teilnehmer der Workshops wohl positiv hinsichtlich Laufbändern mit aktuellen News geäußert, animated gifs (also sich dynamisch ändernde Grafiken) dagegen wurden als störend bezeichnet. Dies deckt sich in etwa mit dem Ergebnis der Online-Befragung (10 %). Bei den Anbietern hatte niemand solche Grafiken auf seiner Seite.

- Hinsichtlich der Nutzung von Videosequenzen hatten schon die Workshops ein differenziertes Bild gezeichnet. So verwundert es nicht, dass auch nur 28 % der Befragten der quantitativen Nachfrageanalyse an Videos interessiert waren. Diese 28 % werden allerdings vom Angebot enttäuscht, da nur 15 % der analysierten Anbieter Videos in ihre Websites integriert haben. Das Ergebnis früherer ProfNet Internet-Branchenstudien zeigt darüber hinaus, dass insbesondere bei kleineren Unternehmen der Einsatz von Videos noch geringer ausfällt.

1.4.2. Internetlösungen bezüglich Handling

- Der Button auf der Homepage für die Zielgruppe Presse wurde nicht nur von den Teilnehmern eines Workshops gewünscht, sondern auch von allen Befragten der quantitativen Nachfrage-Analyse. Allerdings bietet nur gut die Hälfte der Anbieter diesen zusätzlichen Navigationsbutton. Offenbar geht man bei manchen Anbietern davon aus, dass die Zielgruppe selber weiß, wo entsprechende Inhalte zu finden sind oder man ist an der Zielgruppe Journalisten nicht interessiert.

- An einer kurzen Geschwindigkeit des Seitenaufbaus ist jeder interessiert. Da eine

Messung sowohl seiten- und tageszeitabhängig ist, wurde auch auf eine subjektive Beurteilung im Rahmen der Webanalyse verzichtet.

- Eine Mouse-Over-Funktion, von den Workshop-Teilnehmern als sehr wichtig eingestuft, befürworten auch 58 % der Befragten der Online-Analyse. Dem stehen nur 9 % der Angebotsanalyse gegenüber. Hier zeigt sich erstmalig eine größere Differenz zwischen Angebot und Nachfrage.

- Die drei Suchfunktionsmöglichkeiten werden an dieser Stelle gemeinsam behandelt. Bis auf die Sitemap wurden die Volltextsuche und die indexorientierte Suche in den Workshops genannt. Zwischen 79 % und 100 % der Befragten der Online-Analyse wünschen sich ebenfalls diesen Service. Das heißt aber auch, dass viele der Befragten sich diese Funktionen parallel in einem Internetangebot wünschen, sozusagen um ihr Rechercheziel einfacher und schneller zu erreichen. Die größte Differenz zwischen Nachfrage und Angebot kann hinsichtlich der indexorientierten Suchfunktion festgestellt werden (89 % vs. 12%). Aber auch bezüglich der Volltextsuchmaschine gibt es immer noch einen erheblichen Unterschied (100 % vs. 56 %). Lediglich bei der Sitemap ist festzustellen, dass Nachfrage und Angebot sich annähern (79 % vs. 41%).

1.4.3.   Internetlösungen bezüglich Inhalt

- Die Aktualität der Seiten war für die Teilnehmer der Workshops insgesamt am wichtigsten. Eine entsprechende einfache Fragestellung hinsichtlich der Online-Analyse hätte vermutlich ebenfalls zu einer eindeutigen Antwort geführt. Die Angebotsanalyse zeigt, dass 82 % der analysierten Anbieter ihre Webpräsenz auf einem weitestgehend aktuellen Stand halten.

- Die Anschrift der Vertriebsadressen wurde nicht quantitativ analysiert, da ein Teil der analysierten Angebote über keine Vertriebsniederlassungen aus strukturellen Gründen verfügen, z. B. die Gemeinden.

- Die Anschrift und Adresse des Anbieters wurde ebenfalls nicht tiefergehend analysiert. Aus früheren ProfNet Internet-Branchenstudien ist aber bekannt, dass diese Angabe auch nicht immer vorhanden ist.

- Die verschiedenen Lösungen bezüglich der Mitarbeiter-/Funktionsträgeransprache werden hier zusammenhängend besprochen. Bis auf die Nennung der Fax- oder Telefonnummer wurden Name, E-Mail-Adresse, Foto und Lebenslauf von den Workshop-Teilnehmern gewünscht. Dabei war die Angabe der E-Mail-Adresse als besonders wichtig eingestuft worden. Dies bestätigt auch die quantitative Nachfrageanalyse. 78 % der Befragten waren ebenfalls dieser Meinung. Angeboten wird es allerdings nur zu 35 %. Die mit der Angabe der E-Mail-Adresse einhergehende Nennung des Namens der Ansprechpartner wurde von 89 % der Befragten angeben. Aber nur 39 % der Anbieter geben diesen preis. Ein Foto der angegebenen Person bieten nur 7 %. Immerhin würden sich 37 % der Befragten Journalisten über ein kommunikationsförderndes Foto freuen.

- Die Lösungen bezüglich der Ansprache des Pressesprechers werden ebenfalls zusammenhängend erläutert. 100 % der Befragten der Online-Analyse würden gerne den Namen des Pressesprechers wissen, doch nur 56 % der Anbieter erklären, dass es diesen überhaupt gibt. Die Teilnehmer des Workshops haben diesen Wunsch gar nicht genannt. Es kann wohl davon ausgegangen werden, dass es sich dabei um eine so große Selbstverständlichkeit handelt, dass dies als eventuelles Problem gar nicht erkannt wurde. Hinsichtlich der Bekanntgabe der Kontaktmöglichkeit ist man bei den Anbietern noch sparsamer. Nur 43 % geben eine E-Mail-Adresse und 47 % die Telefon- bzw. Faxnummer an: Von den Befragten der quantitativen Nachfrage-Analyse zu je 100 % gewünscht. Fazit: Kontakt überwiegend unerwünscht. Dass dann nur 10 % der Anbieter ein Foto ihres Pressesprechers dem Namen zur Seite stellen verwundert nicht mehr.

- Hinsichtlich der Auflösung von zur Verfügung gestellter Bilder bestätigen sich die Aussagen der Workshops. Mehr als die Hälfte der Befragten der Online-Befragung wünschen sich Bilder/Fotos zum Download mit einer Auflösung von mehr als 300 dpi. 35 % der Befragten war die Auflösung unwichtig. 94 % der Befragten wünschen sich Fotos zum Download im jpg-Format, 44 % im tif-Format, 19 % im bmp-format, 13 % im eps-Format und 13 % ist es egal.

- Auch ein Bildarchiv seitens der Anbieter wurde von beiden Workshops gewünscht. Immerhin 31 % der analysierten Anbieter konnten mit einem Bildarchiv aufwarten. Es sei angemerkt, dass ein Bildarchiv nicht notwendig ist, um Bilder oder Fotos zum Download bereitzustellen. Grundsätzlich kann an jeder Stelle im Internetauftritt ein Foto zum Download bereitgestellt werden. Vielmehr ergibt sich dadurch eine bessere Übersichtlichkeit und der Journalist wird nicht dazu gezwungen, im gesamten Auftritt danach zu suchen oder die Pressestelle anzurufen, sofern die Telefonnummer bekannt ist (siehe oben).

- Der Wunsch der Workshop-Teilnehmer nach aktuellen Börsendaten und Analystenprognosen ist bezüglich des Informationsbedürfnisses über Unternehmen verständlich. Gleiches gilt für Aspekte wie die Eigentumsstruktur, Geschäftsberichte, historische Geschäftsberichte oder andere Kennzahlen. Diese Lösungen wurden im Rahmen der quantitativen Nachfrageanalyse und der Angebotsanalyse nicht weiter überprüft, da insbesondere die Angebotsanalyse hinsichtlich der ausgewählten Anbieter zu heterogen zusammengesetzt war.

- Download oder das Herunterladen von Informationen des Anbieters ist ein Bestandteil des Internetauftritts, der es dem Journalisten erleichtert, an die gewünschten Dokumente zu gelangen und dem Anbieter hilft, Kosten zu senken, weil nicht alle fünf Minuten das Telefon klingelt oder ein Fax eingeht. Fotos und Pressetexte wurden in beiden Workshops von den Teilnehmern gewünscht. 84 % der Teilnehmer der Online-Befragung wünschen sich ebenfalls Fotos zum Downloaden, aber nur 26 % der Anbieter ermöglichen dies. Da 31 % der Anbieter ein Bildarchiv in ihren Webauftritt integriert haben, folgt, dass einige Anbieter ein Bildarchiv ohne Downloadmöglichkeit einsetzen. Ganz wichtig für Journalisten ist die Möglichkeit, die angebotenen Pressetexte downloaden zu können. Man will die Text ja nicht vom Bildschirm abschreiben oder neu erfinden. Nur 36 % der Anbieter ermöglichen das.

- 74 % der befragten Journalisten wünschen sich die Unternehmensinformation oder Verbandsinformationen zum Downloaden. Immerhin bieten 65 % der analysierten Websites diesen Service. 86 % der Befragten möchten diese im doc-Format, 64 % als pdf-File und 57 % im txt-Format erhalten. 7 % ist es egal. Warum demzufolge einzelne Journalisten verschiedene Formate gleichermaßen wünschen, konnte im Rahmen dieser Studie nicht geklärt werden.

- Pressestimmen, also aktuelle Pressespiegel, wurden in beiden Workshops genannt. 50 % der Befragten der Online-Analyse würden sich die Darstellung von Pressestimmen ebenfalls wünschen. Nur 3 % der analysierten Websites bieten diese an. Immerhin noch 39 % der Befragten wünschten sich ein entsprechendes Archiv mit z.B. dem Pressespiegel des letzten Jahres, angeboten wird es allerdings überhaupt nicht.

- Infos für die Presse oder besser die Darstellung von Pressemitteilungen im Internet wurden nicht nur von den Teilnehmern der Workshops und allen Befragten der Online-Befragung gewünscht, sondern auch von fast allen Anbietern (94 %) geboten. Lediglich die Hälfte der Anbieter sammelt ältere Pressemitteilungen in einem Archiv, das der Journalist benutzen bzw. durchsuchen kann. Immerhin 100 % würden dies gern tun.

- Die Angabe von Terminen wie Pressekonferenzen wünschten sich 59 % der Online-Befragten. 56 % der analysierten Anbieter stellten entsprechende Daten zur Verfügung.

- Links, die mit Texten hinterlegt sind (also den Inhalt des Verweises verdeutlichen), wurden nicht nur von den Teilnehmern eines Workshops gewünscht, sondern auch von 78 % der Online-Befragten. Nur 7 % der analysierten Anbieter kommen diesem Wunsch nach. Offenbar ist es so, dass die Anbieter den Inhalt der Links kennen und gleichzeitig voraussetzen, dass Interessierte diesen ebenfalls schon kennen. Es muss jedoch die Frage gestattet sein, welchen Sinn dann diese Links noch haben.

- Produktbeschreibungen und deren Preise interessierten die Teilnehmer der Workshops gleichermaßen. Eine genauere Auswertung wurde auch hier nicht vorgenommen, weil seitens der ausgewählten Anbieter nicht alle ein typisches Produktprogramm enthielten.

- Die eher zurückhaltende Tendenz der Workshop-Teilnehmer hinsichtlich des Unterhaltungsangebotes von Websites gab keine Veranlassung, die Internetauftritte der Anbieter zu diesem Aspekt zu analysieren bzw. die Online-Befragung damit zu belasten.

- Eine Wegbeschreibung, von allen Teilnehmern der Workshops gewünscht, bejahten auch 53 % der Online-Befragten. 29 % der Anbieter stellen diese zur Verfügung. Man geht offenbar davon aus, dass weiterhin traditionelle Formen der Wegbeschreibungsbeschaffung genutzt werden. Dazu zählt auch, dass nur 13 % der Anbieter eine Parkplatzbeschreibung anbieten.

1.4.4. Internetlösungen bezüglich Interaktivität

- Ein Call-Back-Service war von den Workshop-Teilnehmern als besonders wichtig eingestuft worden. Immerhin verhindert dieser viele vergebliche Telefonanrufe zur Kontaktaufnahme. Entsprechend 78 % der Befragten der quantitativen Nachfrageanalyse sehen in diesem Service ebenfalls einen Vorteil, aber nur 1 % der Anbieter bietet diesen. Entweder gibt es seitens der Anbieter noch kein Problembewußtsein oder die Anbieter scheuen den daraus erwachsenden Anrufzwang.

- Einen Chatroom mit dem Pressesprecher würden sich 32 % der Journalisten wünschen. Angeboten wurden 2 von 100. Auch ein Forum für Journalisten wünschen sich 32 %, aber nur ein Anbieter sieht darin für seine Unternehmenskommunikation einen Vorteil.

- Die individuelle Homepage wurde als Vorteil in beiden Workshops gesehen. Diese Technik, die es dem Nutzer erlaubt, den Internetauftritt des Anbieters nach seinen Wünschen zu strukturieren, wurde auch von 37 % der Teilnehmer der Online-Befragung befürwortet. Lediglich 4 % der Anbieter helfen mit einem solchen Angebot dem Nutzer, die Vielfalt innerhalb seines Webauftritts zu verkleinern.

- Ein Extranet für Journalisten wurde schon in den Workshops mit gemischten Gefühlen diskutiert (Passwortvielfalt). Trotzdem würden 44 % der Teilnehmer der Online-Befragung einen solchen geschlossenen Benutzerbereich für ihre Zielgruppe befürworten. Nur ein Anbieter der Angebotsanalyse stellt diesen zur Verfügung.

- Immer mehr Anbieter gehen in letzter Zeit dazu über, Pressemitteilungen und News bezüglich ihres Hauses in Form von Newslettern zu publizieren. Nutzer haben oftmals dann die Möglichkeit sich für die regelmäßige Zusendung akkreditieren zu lassen. Die Frage, die sich nun stellte und auch in den Workshops diskutiert wurde war die, ob der Newsletter denn als E-Mail oder als herkömmliches Fax zur Verfügung gestellt werden sollte. Die Teilnehmer an der Online-Befragung haben sich mit 84 % für die E-Mail-Variante entschieden, nur 6 % würden das Fax bevorzugen. Auf Anbieterseite dagegen bieten nur 30 % einen entsprechenden E-Mail-Service.

- Besonders wichtig für die Teilnehmer eines Workshops war die Möglichkeit, sich online für Events oder Pressekonferenzen anmelden zu können. 84 % der Befragten der quantitativen Nachfrageanalyse waren ebenfalls dieser Meinung.

Nur 3 % der analysierten Anbieter haben diese Möglichkeit der Anmeldungs-vereinfachung angeboten.

- Die Online-Bestellung von Imagebroschüren etc. wird von 58 % der Anbieter bereitgestellt. 75 % der befragten Journalisten würden diesen Service in Anspruch nehmen.

1.4.5.   Ranking des Vergleichs Angebot und Nachfrage

Die in den vorherigen Kapiteln beschriebenen Defizite lassen sich in der direkten Differenzanalyse zwischen Nachfrage und das Angebot wiederfinden.

Ranking der Pflichterfüllung

Rang	Internetlösungen	Kategorie	Nachfrage	Angebot
1.	Info – für die Presse	Inhalt	100,0 %	94,0 %
2.	Info – für die Presse (Archiv)	Inhalt	100,0 %	58,0 %
3.	Suchfunktion – Volltextsuche	Handling	100,0 %	56,0 %
3.	Ansprechpartner – Presse – Name	Inhalt	100,0 %	56,0 %
5.	Button für besondere Zielgruppe	Handling	100,0 %	55,0 %
6.	Ansprechpartner – Presse – Tel/Fax	Inhalt	100,0 %	47,0 %
6.	Ansprechpartner – Presse – E-Mail	Inhalt	100,0 %	47,0 %

Bei den Zielgruppenbedürfnissen gab es insgesamt 7 Internetlösungen, die von allen Befragten gewünscht wurden. Somit sind diese als ein Muß für jeden Internetauftritt eines Unternehmens oder einer Institution zu sehen. Nur bei den „Info für die Presse" wird dies mit 94 % fast erreicht. Alle anderen Pflichtinternetlösungen werden nur von ca. der Hälfte der analysierten Unternehmen und Organisationen erreicht.

Beispiele für die Pflicht-Internetlösungen sind auf den nächsten Seiten dargestellt. Dies soll als Anregung für einen eigenen Neuauftritt oder für weitere Verbesserungen dienen. Die Entscheidung über den richtigen Mix der Internetlösungen richtet sich nach den Wünschen der Teilzielgruppe, der A-Journalisten und der grundsätzliche Wichtigkeit für alle Journalisten.

Die Internetlösungen, die für die in dieser Studie genannten Zielgruppe von besonderer Wichtigkeit sind (siehe Rankings Nachfragenalyse), sind besonders gekennzeichnet:

Prozentangabe rechts oben: 100 % Wunsch der befragten Zielgruppe (Online-Befragung)

| Inhalt | Info - für die Presse (aktuell) | 100% |

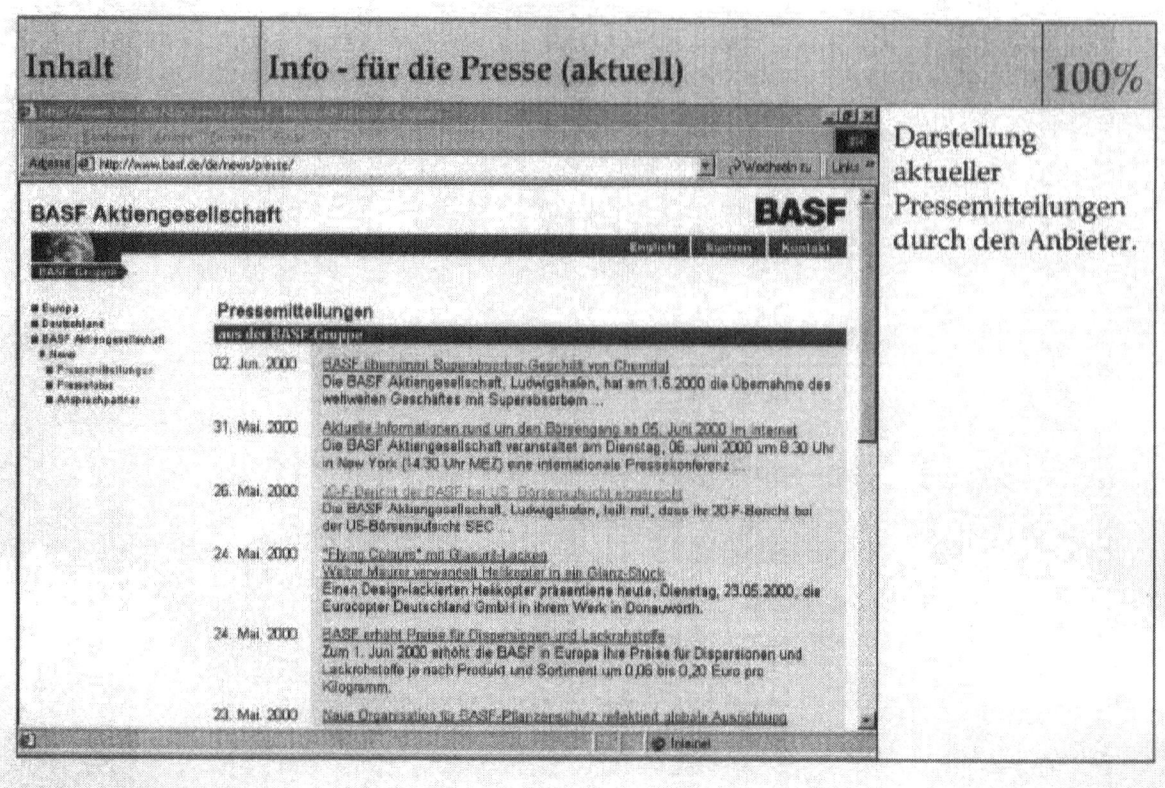

Darstellung
aktueller
Pressemitteilungen
durch den Anbieter.

| Inhalt | Info - für die Presse (Archiv) | 100% |

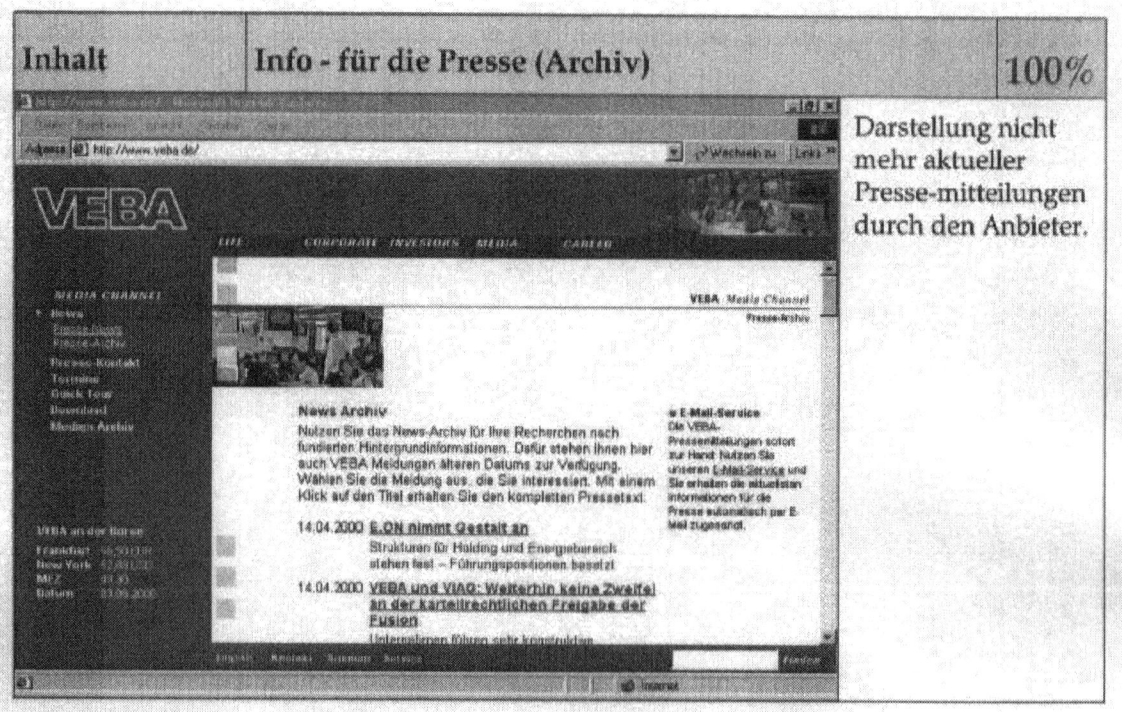

Darstellung nicht
mehr aktueller
Presse-mitteilungen
durch den Anbieter.

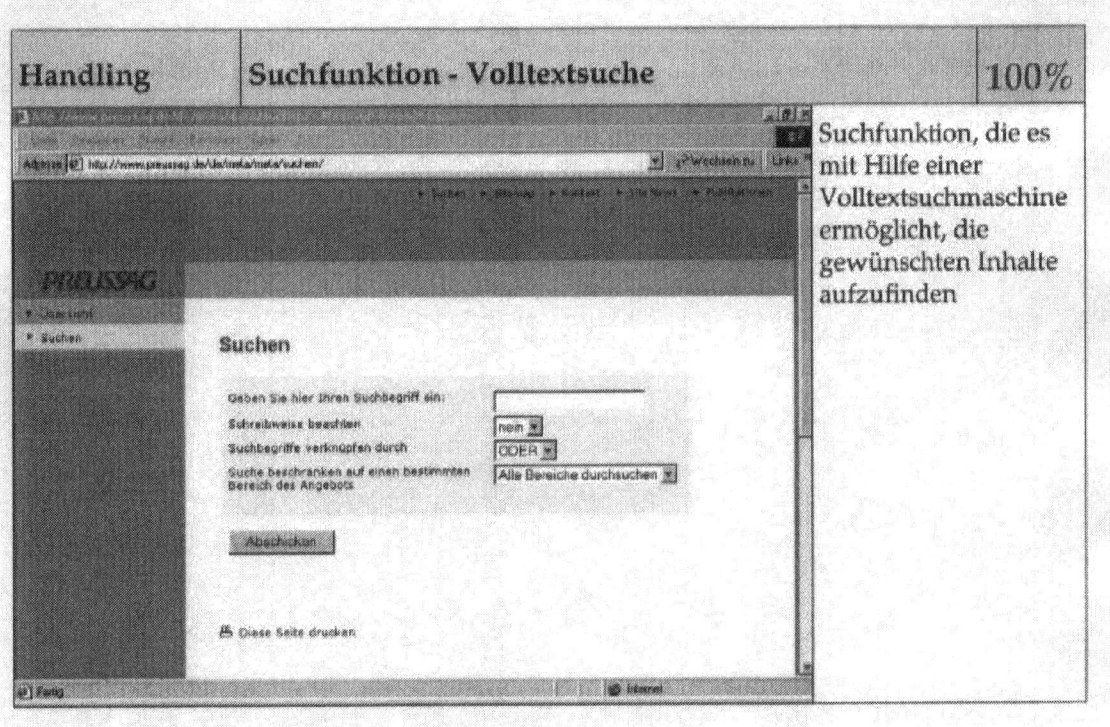

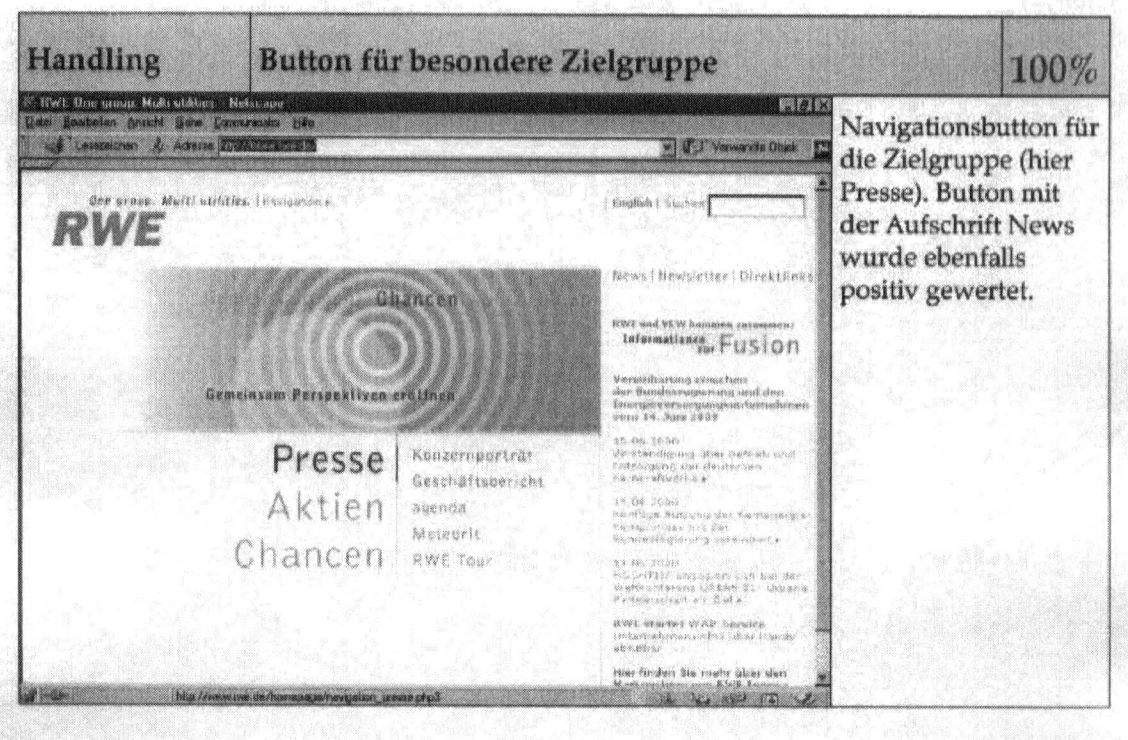

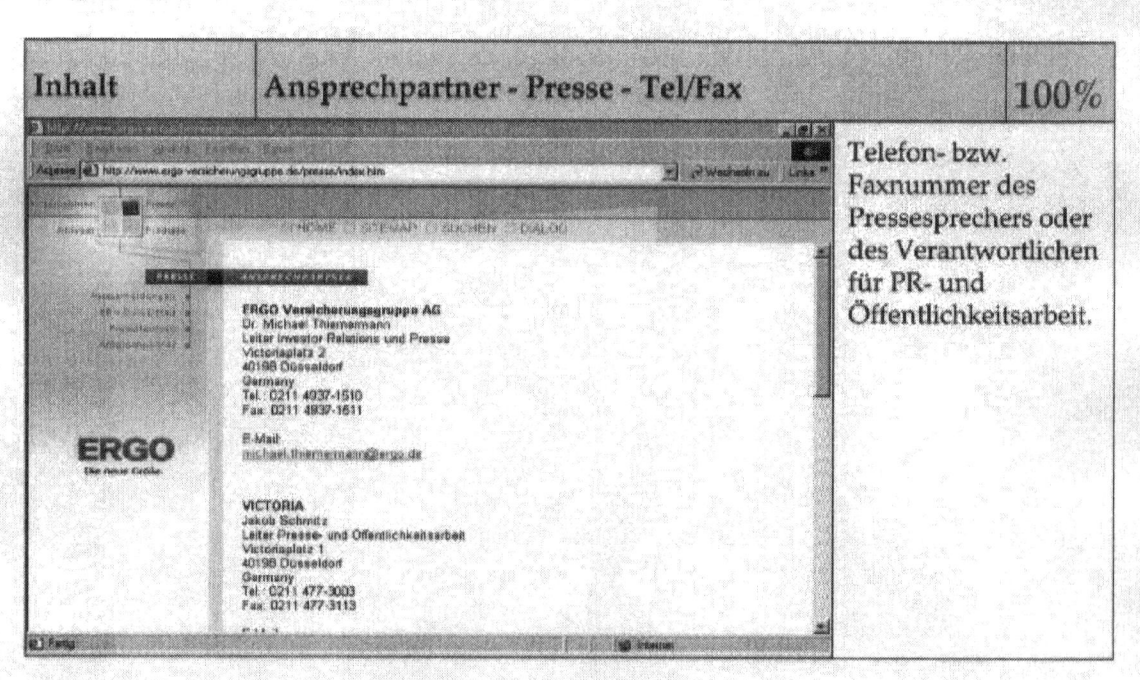

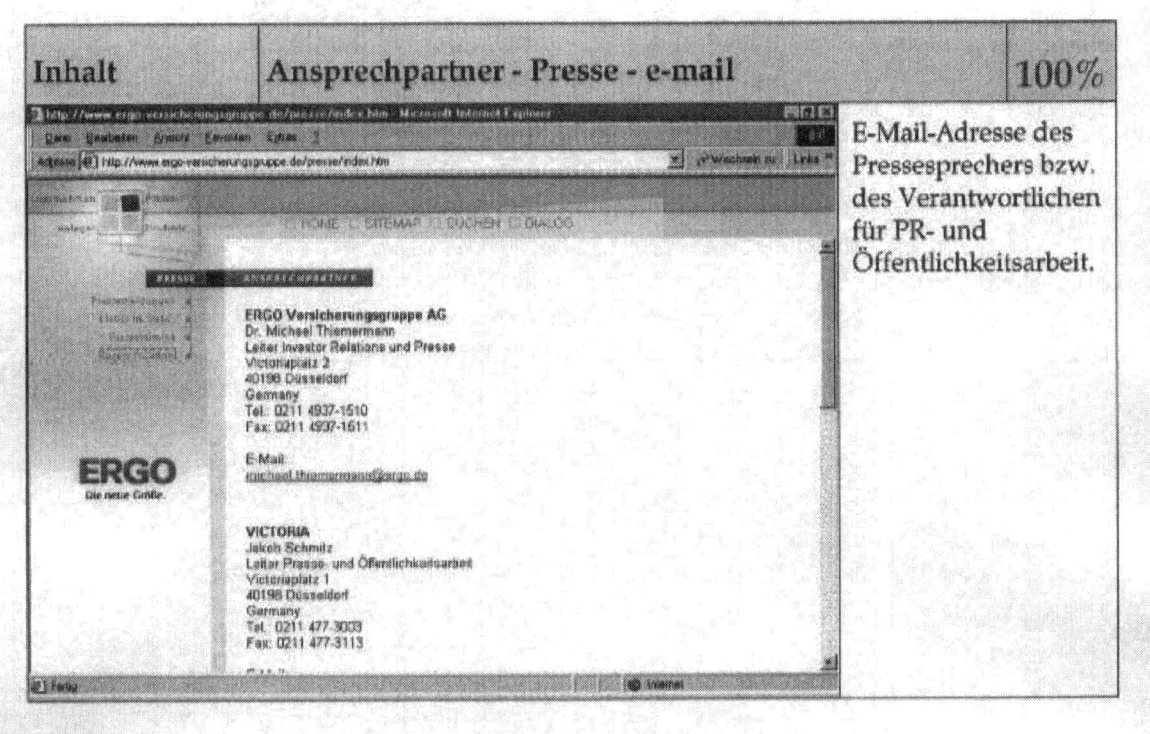

Ranking der Unterschiede

Rang	Internetlösungen	Kategorie	Differenz / in Prozent
1.	Online-Anmeldung Events	Interaktivität	81,0 %
2.	Suchfunktion – Index	Handling	77,0 %
2.	Call-Back-Service	Interaktivität	77,0 %
4.	Links – mit Texten hinterlegt	Inhalt	71,0 %
5.	Ansprechpartner – Presse – E-Mail	Inhalt	67,0 %
6.	Download – Pressetexte	Inhalt	61,0 %
7.	Download – Fotos	Inhalt	58,0 %
7.	Newsletter – Abo – E-Mail	Interaktivität	58,0 %
9.	Ansprechpartner – Presse – Tel/fax	Inhalt	53,0 %
10.	Ansprechpartner – Funktionsträger – Name	Inhalt	50,0 %

- Die größte Abweichung (81 %) zwischen Angebot und Nachfrage konnte bei der Online-Anmeldung zu den Events aus dem Bereich Interaktivität beobachtet werden. Offenbar ist es den Unternehmen nicht möglich, die Organisations-strukturen zu schaffen, die notwendig sind, um eingehende Nachrichten so weiterzuleiten, dass die Bearbeitung der Anmeldung auch gewährleistet ist. Zweite Möglichkeit wäre, dass die Anbieter diese Möglichkeit noch gar nicht kennen. Dann müßten die Verantwortlichen sich die Frage gefallen lassen, welche Agentur so schlecht berät.

- Auf dem zweiten Platz liegen die indexorientierte Suchfunktion aus dem Bereich Handling und die Call-Back-Funktion aus dem Bereich Interaktivität mit je 77 % Differenz zwischen Angebot und Nachfrage. Auch hier fällt wie schon beim Platz 1 auf, dass es sich nicht um informationsgebundene Inhalte für den Nutzer handelt, sondern mehr um die Handhabung und die Kommunikation zwischen Anbieter und Nutzer.

- Bei den informationsgebundenen Inhalten wie der E-Mail-Adresse des Pressesprechers, dessen Telefon- bzw. Faxnummer oder den Namen der anderen Funktionsträger seitens der Anbieter, variiert die Differenz zwischen Angebot und Nachfrage zwischen 50 % und 67 %.

- Internetlösungen wie Links, die mit Texten hinterlegt sind oder der Download von Texten und Fotos (alle aus dem Bereich Inhalt) weisen eine Differenz von Angebot und Nachfrage zwischen 58 % und 71 % auf.

Ranking der Übereinstimmungen

Rang	Internetlösungen	Kategorie	Differenz / in Prozent
1.	Info – Termine (Pressekonferenz)	Inhalt	3,0 %
1.	Newsletter – Abo – Fax	Interaktivität	3,0 %
3.	Info – für die Presse (aktuell)	Inhalt	6,0 %
4.	Nutzung Audio	Layout	9,0 %
4.	Download – Unternehmensinformationen	Inhalt	9,0 %
6.	Nutzung – Video	Layout	13,0 %
7.	Online-Bestellung – Unternehmensinfos	Interaktivität	17,0 %
8.	Download – Videos	Inhalt	18,0 %
9.	Ansprechpartner – Presse – Foto	Inhalt	23,0 %
10.	Chat – Pressesprecher	Interaktivität	30,0 %

- Die größte Übereinstimmung bezüglich Nachfrage und Angebot findet sich bei der Angabe von Terminen bezüglich Pressekonferenzen aus dem Bereich Inhalt und dem Newsletter-Abo als Fax aus dem Bereich Interaktivität mit je 3 %. Berücksichtigt man jedoch, dass bei dem Newsletter-Abo das Gesamtniveau unter 10 % war, ergibt sich die Übereinstimmung nur deshalb, weil wenigen Nachfragern ein geringes Angebot gegenübersteht. Eine Differenz von 0 %, also absolute Übereinstimmung, würde auch dann zustande kommen, wenn kein Nachfrager eine bestimmte Internetlösung wollte und diese vom Anbieter auch nicht zur Verfügung gestellt würde.

- So ist der Sieger dieses Vergleich, wenn auch nicht formal, die Internetlösung hinsichtlich der aktuellen Pressetexte. Eine Differenz von 6 % bei einem Gesamtniveau über 90 % sowohl bei den Anbietern als auch bei den Nachfragern.

- Alle anderen Übereinstimmungen sind letztlich Folgen des jeweils geringen Gesamtniveaus und zeigen lediglich, dass die Anbieter bislang viel zuwenig über die essentiellen Bedürfnisse der Zielgruppe nachgedacht haben.

1.4.6.   Zusammenfassung

Der Vergleich von Angebot und Nachfrage zeigt, dass zwischen Wunsch und Realität eine erhebliche Diskrepanz besteht. Lassen sich im Bereich Layout und im Bereich Inhalt noch die ein oder anderen Übereinstimmungen ausmachen, sind dagegen in den Bereichen Handling und vor allem Interaktivität so große Differenzen, dass man zu dem Schluss kommen muss, dass die für die Websites der Anbieter verantwortlichen Mitarbeiter oder Agenturen bislang überhaupt nicht über die Wünsche ihrer Zielgruppen nachgedacht haben oder diese Zielgruppe nicht als wichtige Zielgruppe für ihre Internet-Kommunikation sehen.

Die Verantwortlichen sehen durchaus die steigende Bedeutung des Mediums für ihr Kommunikations- und Marketingkonzept. Die spezifischen Chancen und Möglichkeiten des Internets sind indessen noch nicht hinreichend erkannt. Weil heute nur in Einzelfällen mit dem Internet Geld zu verdienen ist, glaubt man offenbar, dieses Medium und erst recht die spezifischen Bedürfnisse der jeweiligen Zielgruppen könne vernachlässigt werden. Doch dies kann sich bereits heute und wird sich erst recht in den kommenden Jahren als Fehleinschätzung herausstellen. Was heute noch ein Differenzierungsmerkmal ist und den Nutzer, in diesem Fall den Journalisten möglicherweise positiv überrascht, wird bereits morgen zu den gewohnten Selbstverständlichkeiten gehören. Nur eine rechtzeitige Positionierung verschafft den Wettbewerbsvorsprung, um permanent die Kommunikation in die spezifische Nutzergruppe hinein zu verbessern und so seine besonderen Vorzüge oder Angebote nach außen zu transportieren.

Die reine Präsenz im Internet reicht hierfür nicht aus. Die Zielgruppe wird über die klassische Pressemitteilung hinaus einen echten Zusatznutzen erwarten. Im Gegensatz zu den Printmedien als Kommunikationsplattform darf das Angebot umfangreicher sein. Die Zielgruppe entscheidet selbst über die Auswahl der für ihn interessanten Aspekte, ohne daß die Möglichkeit einer "Führung" der Zielgruppe durch das Angebot fehlen muß. Der Zusatznutzen für den Nutzer liegt hierbei insbesondere in der umfassenden Information und in der Gewißheit auf viele Fragen Antworten zu erhalten.

Diese Möglichkeiten werden den Qualitätswettbewerb zwischen konkurrierenden Angeboten verschärfen, unzureichende Informationsmöglichkeiten im Internet wird die Zielgruppe nicht mehr akzeptieren und statt dessen ein anderes Angebot wählen.

Auch der Journalist wird immer zu der Seite zurückkehren, wo ihm mehr als die gerade notwendige Informationsmenge zur Verfügung gestellt wird.

Das Medium Internet erlaubt hierbei eine nicht zu übertreffende Aktualität, Selektivität und Interaktivität. Zusätzliche Wünsche und Fragen können durch das Medium geäußert und beantwortet werden. Die Online-Verabredung zu einem Interview, die Online-Akkreditierung für einen Messeevent oder gar der Einsatz von Push-Techniken sind – noch – Lösungen zur Differenzierung.

Auch für kleinere Unternehmen bietet das Internet eine Riesenchance. Im Internet gibt es keine Vorteile für Großunternehmen. Auch wenn der Nutzer, in diesem Fall der Journalist, über die Unterschiede und die Größe des Betriebes gut informiert ist, so kann der positive Internet-Auftritt des ihm bekannten oder unbekannten Unternehmens zu einem besonderen Interesse und letztendlich zu einer stärkeren Bindung führen. Gerade kleinere Unternehmen, denen es nicht möglich ist eine eigene PR-Abteilung zu engagieren, können im Internet intensive Kontakte zur Presselandschaft aufbauen, auch im vielleicht regional begrenzten Umfeld. Das Zauberwort der Zukunft (wohl auch schon der Vergangenheit) für den Erfolg heißt: **Kunden- und Zielgruppenorientierung des eigenen Internetauftritts.**

2. Anhang

2.1. Methodik

Die grundlegende Methodik dieser Studie liegt in der Gegenüberstellung von Angebot und Nachfrage. Anhand der in den Workshops (qualitative Nachfrageanalyse) gewonnenen Erkenntnisse wurde der Fragebogen für die Online-Befragung (quantitative Nachfrageanalyse) entwickelt und die in der Angebotsanalyse (Webanalyse) abzufragenden Internetlösungen festgelegt. Aus dem Vergleich von Nachfrage und Angebot schließlich werden Empfehlungen abgeleitet, die es den Anbietern in Zukunft ermöglichen sollen, ihre Internetpräsenz stärker als bisher an den Bedürfnissen ihrer Zielgruppe auszurichten.

2.1.1. Nachfrageanalyse

Die Nachfrageanalyse wurde mit zwei Methoden durchgeführt. Workshops für die qualitative Erhebung und eine Online-Befragung für die quantitative Erhebung.

2.1.1.1. Qualitativ: Workshops

Innerhalb des Projektes sollten die Lösungswünsche der Zielgruppe bezüglich der Internet-Auftritte von Unternehmen, Verbänden und Kommunen erarbeitet werden. Dazu wurden zwei Workshops durchgeführt, um von einer Auswahl der Zielgruppe die Bedürfnisse und Internetlösungen zu erfragen und zu analysieren. Bei den Teilnehmern der Workshops handelte es sich um Journalisten, die in unterschiedlichen Redaktionen tätig waren.

- Workshop 1 am 03.05.2000:   Print- und Online-Redaktionen.

- Workshop 2 am 08.05.2000:   TV-Hörfunk- und Print-Redaktionen.

Die Workshops und Einzelinterviews sollten folgende Aufgaben erfüllen:

Ablauf des Workshops

- Begrüßung der Teilnehmer und Vorstellung des ProfNet Professoren-Netzwerks durch ProfNet-Mitarbeiter

- Vorstellung der ProfNet Mitarbeiter

- Themenabgrenzung und Darstellung der Ziele des Workshops

- Persönliche Vorstellung aller Teilnehmer

- Beschreibung des Aufbaus und Ablaufs der Workshops durch ProfNet Mitarbeiter

- Vorgabe der Grundfrage des Workshops „Was wünschen Sie sich als Zielgruppe/Journalisten von einem Internet-Auftritt eines Unternehmens oder einer Institution?"

- Die Oberbegriffe, unter welchen die gesammelten Internetlösungen zu einem späteren Zeitpunkt eingeordnet werden sollten, wurden von dem ProfNet Mitarbeiter vorgestellt.

Oberbegriffe Studie:	Oberbegriffe Workshop
Inhalt	Information, Unterhaltung, Handling
Interaktivität	Kommunikation, Interaktivität
Handling	Navigation
Layout	Layout

Der Oberbegriff Inhalt beschreibt die Internetlösungen, die einen Beitrag zur Information, zur Unterhaltung und zum Service leisten.

Der Obergriff Interaktivität beschreibt Lösungen, die die direkte Kommunikation mit dem Nutzer im Internet beschreiben, z.B. die Online-Akredditierung.

Handling beschreibt die Navigationselemente des Internetauftritts, z.B. eine Suchfunktion oder den Button für eine bestimmte Zielgruppe.

Unter dem Oberbegriff Layout (Design) sind die gestalterischen Mittel des jeweiligen Auftritts zu verstehen, z.B. die Nutzung von Videoeinspielungen oder die Nutzung einer Web-Cam.

2.1.1.2. Quantitativ: Online-Befragung

Aufgrund der Ergebnisse der Workshops wurden die Fragen, die den Journalisten im Rahmen der Online-Befragung gestellt werden sollten, entwickelt. Von der dritten bis zur vierten Maiwoche 2000 hatten die Journalisten und Redakteure die Gelegenheit, an der Befragung teilzunehmen. Insgesamt wurden etwa 300 Redakteure und Journalisten/Redaktionen direkt angesprochen. Zusätzlich wurde im Rahmen eines Newsletters mit Online-Verteiler der genannte Personenkreis informiert. Journalisten beteiligten sich an der Befragung. Aufgrund der im Vergleich zur Grundgesamtheit vergleichsweise kleinen Stichprobe und des Fehlens der Berufssegmentierung als Stichprobenkriterium kann nicht von einer repräsentativen Befragung für alle Berufsgruppen der Zielgruppe gesprochen werden. Gleichwohl lassen die erzielten Ergebnisse Tendenzen erkennen und ermöglichen damit eine zumindest grundsätzliche Beurteilung der realen Internetbedürfnisse der Zielgruppe.

2.1.2.   Angebotsanalyse

2.1.2.1.   Auswahl der analysierten Unternehmen

Die Stichprobe von 100 Internet-Auftritten setzt sich zusammen aus

- TOP 50 Industrie (gem. Liste von welt.de)

- TOP 15 Banken (gem. Liste von wirtschaftswoche.de)

- TOP 15 Versicherungen (gem. Liste von wirtchaftswoche.de)

- 10 größten Städte/Kommunen (nach Einwohnerzahl)

- 8 große Verbände (Industrie, Gewerkschaften, Sport)

- 2 politische Parteien (große Volksparteien)

2.1.2.2.   Liste der analysierten Unternehmen

Im Folgenden sind die in der Angebotsanalyse untersuchten Unternehmen, Verbände Parteien, Versicherungen, Kreditinstitute und Kommunen in alphabetischer Sortierung mit ihrer Internetadresse gelistet.

Anbieter	URL
Aachener und Münchener	www.amv.de
Adam Opel AG	www.opel.com
Aldi-Gruppe	www.aldi.de
Allianz AG	www.allianz.de
Aral AG	www.aral.de
Arbeitgeberverband Gesamtmetall	www.gesamtmetall.de
Audi AG	www.audi.de
AXA Colonia Konzern AG	www.axa-colonia.de
Bankgesellschaft Berlin	www.bankgesellschaft.de
BASF AG	www.basf.de
Bayer AG	www.bayer.de
Bayer. Hypo- und Vereinsbk. AG	www.hypovereinsbank.de
Bayerische Landesbank	www.bayernlb.de
Berlin	www.berlin.de
Bertelsmann AG	www.bertelsmann.de
BMW AG	www.bmw.de
Bremen	www.bremen.de
Bundesverband der deutschen Industrie	www.bdi-online.de

Anbieter	URL
Bundesverband der Pharmazeutischen Ind.(BPI)	www.bpi.de
CDU	www.cdu.de
Commerzbank AG	www.commerzbank.de
Continental AG	www.conti-online.com
Daimler Benz Services (debis) AG	www.debis.de
DaimlerChrysler AG	www.daimlerchrysler.de
DASA DaimlerChrysler Aerospace AG	www.dasa.com
DBV-Winterthur	www.dbv-winterthur.de
Debeka	www.debeka.de
Depfa Bank	www.depfa-bank.de
Deutsche Bahn AG	www.bahn.de
Deutsche Bank AG	info.deutsche-bank.de
Deutsche BP AG	www.bpamoco.de
Deutscher Gewerkschaftsbund (DGB)	www.dgb.de
Deutsche Post AG	www.deutschepost.de
Deutsche Telekom AG	www.dtag.de
Deutscher Fussball Bund (DFB)	www.dfb.de
Deutscher Hotel- und Gaststättenverband	www.dehoga.de
Deutscher Sportbund	www.dsb.de
DG Bank Deutsche Genossenschaftsbank	www.dgbank.de
Dortmund	www.dortmund.de
Dresdner Bank AG	www.dresdner-bank.de
DSL Holding AG	www.dsl-bank.de
Dt. Lufthansa AG	www.lufthansa.com
Düsseldorf	www.duesseldorf.de
Edeka-Gruppe	www.edeka.de
Ergo Versich.-Gruppe AG	www.ergo-versicherungsgruppe.de
Essen	www.essen.de
Esso	www.esso.de
Ford-Werke AG	www.ford.com
Frankfurt a. M	www.frankfurt.de
Franz Haniel & Cie. GmbH	www.haniel.de
Gehe AG	www.gehe.de
Gerling	www.gerling.de
Hamburg	www.hamburg.de

Anbieter	URL
HDI Haftpflichtverband der Deutschen Industrie	www.hdi.de
Henkel AG	www.henkel.de
Hoechst AG	www.avensis.de
HUK-Coburg	www.huk.de
Karstadt AG	www.karstadt.de
KfW Kreditanstalt für Wiederaufbau	www.kfw.de
Köln	www.stadt-koeln.de
Kölnische Rück	www.koelnischerueck.de
Konzern Versicherungskammer Bayern	www.bayern-versicherung.de
Landesbank Hessen-Thüringen Girozentrale	www.helaba.de
Landesbank Schleswig-Holstein	www.lb-kiel.de
Landeskreditbank Baden-Württemberg	www.l-bank.de
Lidl & Schwarz Stiftung & Co. KG	www.lidl.de
MAN AG	www.man.de
Mannesmann AG	www.mannesmann.de
Metallgesellschaft AG	www.metallgesellschaft.de
Metro AG	www.metro.de
München	www.muenchen.de
Münchner Rueckv. Ges. AG	www.munichre.com
Norddeutsche Landesbank	www.nordlb.de
Otto Versand	www.otto.de
Parion	www.parion.de
Preussag AG	www.preussag.de
Preussen Elektra AG	www.preussenelektra.de
R+V	www.ruv.de
Rewe-Gruppe	www.rewe.de
Robert Bosch GmbH	www.bosch.de
Ruhrkohle AG	www.rag.de
RWE AG	www.rwe.de
RWE Energie AG	www.rwe-energie.de
RWE-DEA AG	www.rwe-dea.de
Schickedanz Holding Stiftung GmbH & Co. KG	www.quelle.de
Shell	www.deutsche-shell.de
Siemens AG	www.siemens.de

Anbieter	URL
SparHandels-AG	www.spar.de
SPD	www.spd.de
Stinnes	www.stinnes-reifendienst.de
Stuttgart	www.stuttgart.de
Thyssen-Krupp AG	www.thyssenkrupp.com
Unternehmensgruppe Tengelmann	www.tengelmann.de
Veba AG	www.veba.de
Veba Oel AG	www.vebaoel.de
Verband der Zeitungsverleger	www.bdzv.de
Viag AG	www.viag.de
Volkswagen AG	www.volkswagen.de
WestLB	www.westlb.de
Zürich-Agrippina Gruppe	www.zuerich-agrippina.de

2.1.2.3.   Auswahl der analysierten Internetlösungen

Gleichzeitig wurden anhand der in den Workshops ermittelten Internetbedürfnisse und der Auswahl der Fragen für die Online-Befragung 44 Internetlösungen zur Bestandsaufnahme und Beurteilung der Internetseiten festgelegt. Die ausgewählten und gefundenen Internetseiten wurden vollständig anhand der Internetlösungs-vorgaben durch das ProfNet Projektteam analysiert ("Webanalyse"). Als Markt-forschungserhebungsmethode wurde das Verfahren der Beobachtung eingesetzt. Die Kriterien wurden abschließend zu den Oberbegriffen Layout, Handling, Inhalte und Interaktivität verdichtet. Insgesamt wurden 50 Punkte vergeben. Die folgende Tabelle zeigt die Bewertungsskala und die daraus resultierende Farbkennzeichnung für die Rankings und die Einzelbewertungsseiten der dargestellten Anbieter.

2.1.2.4.   Beurteilung und Gewichtung

Alle Internetlösungen waren durch Beobachtung in den Internetseiten zu erfassen. Nach Abschluss der Beobachtungsphase wurden anhand der Work-shop-Ergebnisse und der Ergebnsise der Online-Befragung Beurteilungs-schwerpunkte und Gewichtungen vorgenommen.

Die Datenaufnahme wurde am 22. Mai 2000 abgeschlossen. Deshalb sind neue oder erweiterte Internet-Auftritte der betrachteten Unternehmen nicht enthalten.

2.1.3.   Übersicht Internetlösungen

Im folgenden sind alle in dieser Studie genannten Internetlösungen nach den Kategorien Layout, Handling, Inhalt und Interaktivität einzeln aufgeführt. In welchen Analysen diese von Bedeutung waren, ist durch Punkte gekennzeichnet:

2.1.3.1. Internetlösungen bezüglich Layout

Internetlösung	N (qualitativ)	N (quantitativ)	A	Beschreibung
CI der Webseiten (Side Identity/Navigation)	•			Durchgängig identisches Layout aller Webseiten des Anbieters.
Nutzung Audio	•	•		Nutzung von Audioeinspielungen als gestalterisches Element.
Nutzung bewegte Elemente	•	•		Nutzung von bewegten Elementen (animated gifs) als gestalterisches Element.
Nutzung Video	•	•		Nutzung von Videoeinspielungen als gestalterisches Element.
Nutzung Web-Cam	•			Eine Web-Cam ist letztlich die Liveübertragung z.B. aus dem Unternehmen. Heute noch überwiegend minütlich aktualisierte Bilder.

2.1.3.2. Internetlösungen bezüglich Handling

Internetlösung	N (qualitativ)	N (quantitativ)	A	Beschreibung
Button für besondere Zielgruppe	•	•	•	Navigationsbutton für die Zielgruppe (hier Presse). Button mit der Aufschrift News wurden ebenfalls positiv gewertet.
Geschwindigkeit Seitenaufbau	•			Da die Geschwindigkeit des Seitenaufbaus von vielen externen Faktoren abhängt, wird hier die Größe der Startseite als Maßstab genommen. Kleiner 5 KB wird positiv gewertet.
Möglichkeit des Ausdruckens	•			Unterstützung der direkten Druckmöglichkeit der dargestellten Inhalte
Mouse – Over – Funktion	•	•	•	Wenn ein Navigationselement mit dem Mauszeiger überstrichen wird, öffnet sich ein weiteres Navigationsfeld ohne dass angeklickt wurde.
Sprung (Text/Icon) vor/zurück	•			Navigationselement (nicht Browser), mit dessen Hilfe eine Seite nach vorne oder eine Seite nach hinten gesprungen werden kann.
Suchfunktion – Index	•	•	•	Suchfunktion, die es mit Hilfe eines Indexverzeichnisses ermöglicht, die gewünschten Inhalte aufzufinden.
Suchfunktion - Sitemap		•	•	Suchfunktion, die es mit Hilfe einer Sitemap (Organigramm des Internet-Auftritts) ermöglicht, die gewünschten Inhalte aufzufinden.

Internetlösung	N (qualitativ)	N (quantitativ)	A	Beschreibung
Suchfunktion - Volltext	•	•	•	Suchfunktion, die es mit Hilfe einer Volltextsuchmaschine ermöglicht, die gewünschten Inhalte aufzufinden.

2.1.3.3. Internetlösungen bezüglich Inhalt

Internetlösung	N (qualitativ)	N (quantitativ)	A	Beschreibung
Aktualität der Seiten	•		•	Die Aktualität der Seiten wurde in dieser Studie anhand von zwei Kriterien überprüft. Zum einen mußten erkennbar Inhalte jünger als eine Woche sein (z.B. die Pressemitteilung vom Vortag) oder auf der Startseite mußte vermerkt sein, dass eine Aktualisierung des Webauftritts innerhalb der letzen Woche stattgefunden habe.
Anschrift – Vertriebsadressen	•			Darstellung der verschiedenen Vertriebsadressen.
Anschrift, Adresse	•			Anschrift des Anbieters.
Ansprechpartner – Funktionsträger – E-Mail	•	•	•	Darstellung der E-Mail-Adresse der wichtigen Funktionsträger im Unternehmen.
Ansprechpartner – Funktionsträger – Foto	•	•	•	Fotos der wichtigen Funktionsträger im Unternehmen.
Ansprechpartner – Funktionsträger – Lebenslauf	•			Darstellung des Lebenslaufes wichtiger Funktionsträger im Unternehmen.
Ansprechpartner – Funktionsträger – Name	•	•	•	Name wichtiger Funktionsträger im Unternehmen.
Ansprechpartner – Funktionsträger – Tel/Fax		•	•	Telefon- bzw. Faxnummer wichtiger Funktionsträger im Unternehmen.
Ansprechpartner – Presse – E-Mail	•	•	•	E-Mail-Adresse des Pressesprechers bzw. des Verantwortlichen für PR- und Öffentlichkeitsarbeit.
Ansprechpartner – Presse – Foto		•	•	Foto des Pressesprechers bzw. des Verantwortlichen für PR- und Öffentlichkeitsarbeit.
Ansprechpartner – Presse – Name		•	•	Name des Pressesprechers bzw. des Verantwortlichen für PR- und Öffentlichkeitsarbeit.
Ansprechpartner – Presse – Tel/Fax	•	•	•	Telefon- bzw. Faxnummer des Pressesprechers oder des Verantwortlichen für PR- und Öffentlichkeitsarbeit.
Auflösung Bilder – größer 300 dpi	•	•		Auflösung der Fotos und Bilder/Grafiken, die zum Download zur Verfügung gestellt werden, ist größer als 300 dpi.

Internetlösung	N (qualitativ)	N (quantitativ)	A	Beschreibung
Auflösung Bilder – kleiner 300 dpi		•		Auflösung der Fotos und Bilder/Grafiken, die zum Download zur Verfügung gestellt werden, ist kleiner als 300 dpi.
Auflösung Bilder – unwichtig		•		Auflösung der Fotos und Bilder/Grafiken, die zum Download zur Verfügung gestellt werden, ist unwichtig.
Bildarchiv	•		•	Bereich eines Internet-Auftritts, in dem Bilder und Grafiken dem Nutzer in übersichtlicher Weise zum Download angeboten werden.
Börsenkurs – aktuell	•			Angabe des aktuellen Börsenkurses (Uhrzeit genau) bzw. Schlusskurs an der entsprechenden Börse.
Börsenkursentwicklung – Grafik	•			Grafische Darstellung des Börsenkurses über einen längeren Zeitraum.
Download – Audio	•			Möglichkeit des Download von Audiofiles.
Download – Fotos	•	•	•	Möglichkeit des Download von Fotos oder Grafiken.
Download – Pressetexte	•	•	•	Möglichkeit des Downloads von Pressetexten/ - mitteilungen.
Download – Unternehmens-informationen	•	•	•	Möglichkeit des Download von verschiedenen Unternehmensinformationen, z.B. eine Imagebroschüre.
Download – Videos		•	•	Möglichkeit des Downloads von Videofiles.
Download – Wahlmöglichkeit der Formate				Auswahlmöglichkeit hinsichtlich der Formate der downloadbaren Informationen
Einsatz Fremdsprachen				Ist der Internet-Auftritt neben der Muttersprache des Anbieters auch noch in anderen Sprachen einsehbar?
FAQ – Nur Lesen	•		•	Liste mit Antworten auf vorgegebene Fragen (FAQ = Frequently Asked Questions).
Formate – Fotos bmp		•		Downloadfähige Fotos werden im bmp-Format angeboten.
Formate – Fotos eps		•		Downloadfähige Fotos werden im eps-Format angeboten.
Formate – Fotos jpg		•		Downloadfähige Fotos werden im jpg-Format angeboten.
Formate – Fotos tif		•		Downloadfähige Fotos werden im tif-Format angeboten.
Formate – Fotos unwichtig		•		Format des downloadfähigen Fotos ist unwichtig.

Internetlösung	N (qualitativ)	N (quantitativ)	A	Beschreibung
Formate – Texte asci		•		Downloadfähige Texte werden im asci-Format angeboten.
Formate – Texte doc		•		Downloadfähige Texte werden im doc-Format angeboten.
Formate – Texte pdf	•	•		Downloadfähige Texte werden im pdf-Format angeboten.
Formate – Texte txt		•		Downloadfähige Texte werden im txt-Format angeboten.
Formate –Texte unwichtig		•		Format der downloadfähigen Texte ist unwichtig.
Glossar	•			Sammlung und Erläuterung von Fachbegriffen.
Impressum	•			Angabe des Urhebers bzw. Rechteinhabers des Internet-Auftritts.
Info – „Wir über uns"	•		•	Darstellung von Informationen über das Unternehmen allgemein.
Info – Analystenprognosen	•			Darstellung von Prognosen externer Analysten hinsichtlich der wirtschaftlichen Entwicklung des Anbieters.
Info – Brancheninformationen	•			Darstellung von branchennahen Informationen durch den Anbieter.
Info – der Presse, Pressestimmen (aktuell)	•	•	•	Darstellung aktueller Pressestimmen über den Anbieter (Pressespiegel).
Info – der Presse, Pressestimmen (Archiv)		•		Darstellung nicht mehr aktueller Pressestimmen über den Anbieter (Pressespiegel).
Info – Eigentumsstruktur	•			Darstellung der Eigentumsverhältnisse von Unternehmen.
Info – für die Presse (aktuell)	•	•	•	Darstellung aktueller Pressemitteilungen durch den Anbieter.
Info – für die Presse (Archiv)	•	•	•	Darstellung nicht mehr aktueller Pressemitteilungen durch den Anbieter.
Info – Geschäftsbericht	•			Darstellung des aktuellen Geschäftsberichts des Anbieters (Bilanz/GuV/Lagebericht/...).
Info – Historische Geschäftsberichte	•			Darstellung alter Geschäftsberichte des Anbieters (Bilanz/GuV/Lagebericht/...).
Info – Kennzahlen	•			Wichtige Kennzahlen (bei Unternehmen z.B. die Umsatzrendite).
Info – Termine (Messen, HV)	•		•	Darstellung wichtiger Präsentationstermine (z.B. Messen, Hauptversammlungen, Produktpräsentationen usw.).

Internetlösung	N (qualitativ)	N (quantitativ)	A	Beschreibung
Info – Termine (Pressekonferenz)	•	•	•	Angabe der Termine für Pressekonferenzen.
Info – Unternehmensstrategie	•			Darstellung der Unternehmensstrategie / -philosophie.
Info – Verbände	•			Informationen des Anbieters über Verbände / Dachorganisationen o.ä..
Info – Vorstand	•			Darstellung wichtiger Informationen über den Vorstand oder Geschäftsführer. (Allein Name und Funktionsbezeichnung reicht nicht aus. Positiv sind Lebenslauf, Foto,...).
Links – Partner	•			Links zu Partnern des Anbieters. Bei Städten z.B. zu Partnerstätten, bei Unternehmen zu Lieferanten ,...).
Links – mit Texten hinterlegt	•	•	•	Links, die mit ausführlichen Informationen über die Zielseite versehen (hinterlegt) sind.
Mitarbeitermagazin	•			Darstellung des Mitarbeitermagazins oder der Hauszeitung.
Organigramm – Abteilungen	•			Übersicht über die innere Organisationsstruktur des Anbieters.
Organigramm – Konzernstruktur / Beteiligungen	•			Übersicht über die externe Organisationsstruktur des Anbieters.
Parkplatzbeschreibung	•		•	Genaue Beschreibung des Weges zum Parkplatz (ggfs. mit Gebührenangabe).
Produktbeschreibungen	•			Beschreibungen der Produkte des Anbieters.
Produkte – Preise	•			Angabe der Preise der beschriebenen Produkte.
Statistiken	•			Angaben von Statistiken, z.B. Webstatistik oder Verkaufszahlen, etc.).
Telefon / E-Mail-Verzeichnis	•			Angabe der Telefonnummer und / oder E-Mail-Adresse aller relevanten Mitarbeiter in Form eines Verzeichnisses / Liste.
Unterhaltung – Hintergrundmusik	•			Abspielmöglichkeit von Hintergrundmusik beim Betrachten des Internet-Auftritts zur Unterhaltung
Unterhaltung – Witze	•			Darstellung von Witzen zur Unterhaltung des Nutzer (z.B. Inhouse-Witze).
Wegbeschreibung	•	•	•	Wegbeschreibung zum Anbieter (ohne Parkplatzbeschreibung)

2.1.3.4. Internetlösungen bezüglich Interaktivität

Internetlösung	N (qualitativ)	N (quantitativ)	A	Beschreibung
Bestellmöglichkeit weiterführender Literatur	•			Beschreibt die Bestellmöglichkeit weiterführender Literatur
Call-Back-Service	•	•	•	Formular, daß es dem Nutzer ermöglicht, dem Anbieter um Rückruf zu bitten (inklusive Zeitangabe).
Chat – Pressesprecher	•	•	•	Chatroom mit Pressesprecher
FAQ			•	Möglichkeit selbst Fragen zu formulieren, die innerhalb eines vorgegebenen Schematas standardisiert beantwortet werden. (FAQ = Frequently Asked Questions).
Forum zwischen Zielgruppen	•	•	•	Spezielles Forum, daß ausschließlich der Zielgruppe zur Verfügung gestellt wird. Nicht Forum zwischen Anbieter und Zielgruppe.
Individuelle Homepage für Kunden	•	•	•	Möglichkeit für den Nutzer auszuwählen, welche Navigationselemente und damit Inhalte des jeweiligen Internet-Auftritts beim nächsten Besuch voreingestellt sind.
Intranet / Extranet	•	•	•	Internetangebot für geschlossenen Nutzerkreis. Intranet innerhalb des Unternehmensbereichs. Extranet außerhalb des Unternehmensbereichs.
Kontakt E-Mail-Browserfenster	•			Wenn zur Kontaktaufnahme das standardisierte E-Mail-Formular des Browsers genutzt wird.
Kontakt E-Mail-Formular	•			Wenn zur Kontaktaufnahme ein spezielles vom Anbieter bereitgestelltes E-Mail-Formular angeboten wird.
News-Groups / Foren	•			Foren oder Newsgroups, die insbesondere der Kommunikation zwischen Anbieter und Nutzer dienen.
Newsletter – Abo - E-Mail	•	•	•	Anbieter ermöglicht die Online-Akredditierung für einen regelmäßigen Newsletter, der dem Nutzer als E-Mail zur Verfügung gestellt wird.
Newsletter – Abo – Fax	•	•	•	Anbieter ermöglicht die Online-Akkreditierung für einen regelmäßigen Newsletter, der dem Nutzer als Fax zur Verfügung gestellt wird.
Online-Anmeldung für Events, Pressekonferenzen	•	•	•	Möglichkeit für den Nutzer, sich online für bestimmte Termine anzumelden, z.B. Pressekonferenz.

Internetlösung	N (qualitativ)	N (quantitativ)	A	Beschreibung
Online-Bestellung Unternehmensinfos	•	•	•	Möglichkeit für den Nutzer, online Unternehmensinformationen (z.B. Imagebroschüre) zusenden zu lassen.
Videokonferenz	•			Möglichkeit für den Nutzer, online im Rahmen einer Videokonferenz mit dem Anbieter in Kontakt zu treten.

2.1.4.   Literaturverzeichnis

Balz, Ulrich/ Jahn, Peer Walter/ Wulf, Volker [Investor Relations, 1999]: ProfNet Internet-Branchenstudie Investor Relations 1999, Dortmund 1999

Brendel, Matthias/Brendel, Frank [Richtig recherchieren]: Richtig recherchieren, Frankfurt 1998

Eichholz, Martin [PR im Internet – Der Status Quo in Deutschland, 1998]: Ergebnisse einer empirischen Studie, in: Krzeminski/Zerfaß (1998), S. 53 - 71

Kamenz, Uwe Marktforschung, Stuttgart: Schäffer-Poeschel 1997

Kamenz, Uwe [Buchreport, 17/1998]: Buchverlage im Internet

Kamenz, Uwe/Hülsmann, Petra/Heiland, Thomas [Automobilbranche, 1997]: ProfNet Internet-Branchenstudie Automobilbranche 1997, Dortmund 1997

Kamenz, Uwe/Heiland, Thomas/Hoyer Tim [Verlage, 1997]: ProfNet Internet-Branchenstudie Buchverlage 1997, Dortmund 1997

Kamenz, Uwe/Jahn, Peer Walter/Lipperheide, Maik [Fußball 1998]: ProfNet Internet-Branchenstudie Fußball 1998, Dortmund, 1998

Kamenz, Uwe/Jahn, Peer Walter [Verlage Internet-Bücher, 1998]: ProfNet Internet-Branchenstudie Buchverlage Internet-Bücher 1998, Dortmund 1998

Kamenz, Uwe/Heiland, Thomas/Lipperheide, Maik [EDV-Hardware, 1998]: ProfNet Internet-Branchenstudie EDV-Hardware 1998, Dortmund 1998

Kamenz, Uwe/Heiland, Thomas/Lipperheide, Maik [EDV-Software, 1998]: ProfNet Internet-Branchenstudie EDV-Software 1998, Dortmund 1998

Kamenz, Uwe/Jahn, Peer Walter/Wulf, Volker, [Weltautomobilhersteller, 1999]: ProfNet Internet-Branchenstudie Weltautomobilhersteller 1999, Dortmund 1999

Kamenz, Uwe/Jahn, Peer Walter/Wulf, Volker, [Banken International 2000]: ProfNet Internet-Branchenstudie Banken International 2000, Dortmund 2000

Krzeminski, Michael/Zerfaß, Ansgar (Hrsg.): [Interaktive Unternehmenskommunikation], Frankfurt 1998

Middleberg, Don/Ross, Steven S. [The Sixth Annual; Print Media in Cyberspace Study 1999]: Middleberg + Associates

Middleberg, Don/Ross, Steven S. [The First Annual; Broadcast Media in Cyberspace Study October 1999]: Middleberg + Associates

Middleberg, Don/Ross, Steven S. [Fith Annual; Media in Cyberspace Study 1998]: Middleberg + Associates

o.V. [Umfrage]: Nutzung von Online-Medien im Wirtschafts- und Finanzjournalismus Umfrage Juni 1999, News-Aktuell, Hamburg 1999

2.1.5. Inhaltsverzeichnis der Gesamtstudie

2.1.6. Kontakt

ProfNet

Leistungsspektrum ProfNet Institut für Internet-Marketing:

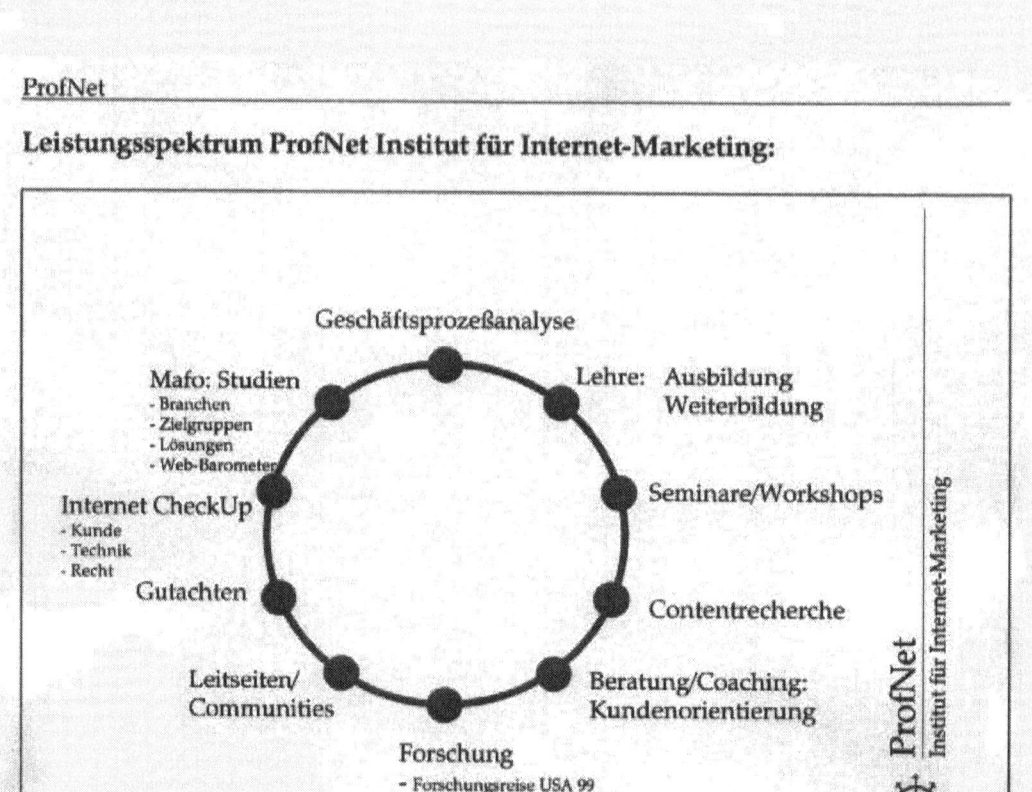

Ansprechpartner:

Prof. Dr. Uwe Kamenz (Wissenschaftlicher Direktor)
 Tel.: 0231-755-4889
Fax: 0231-9742521
e-mail: kamenz@fh-dortmund.de

Dr. Peer Walter Jahn
Produktmanager ProfNet Internet-Studie
Tel.: 0231-9742520
Fax: 0231-9742521
e-mail: profnet@t-online.de

Name
_____

Firma
_____

ProfNet

Service & Dienstleistungen GmbH

Straße
_____

Emil-Figge-Straße 76-80

PLZ Ort
_____

44227 Dortmund

☎   Fax
_____

BESTELLUNG   FAX-NR. 02 31 / 9 74 25 21

Bitte wählen Sie die von Ihnen gewünschten Produkte anhand der umseitigen Artikel- und Preisliste aus. Anschließend senden Sie diese Seite als Fax oder per Post an oben genannte Adresse.

Internet-Branchen-/Zielgruppenstudien

Anz.	Name der Studie	Art.-Bez.	Preis/St. (netto)
	Zusätzlich zu einer Studie	Einzelbewertung unserer Domain*: _____	**0,00 DM**

* sofern nicht in der Studie analysiert.

Internet CheckUp

Ihre Domain		Art.-Bez.	Preis/St. (netto)
www._____	☐	CU-K/A	950,- DM
	☐	CU-K/B	2.450,- DM
_____	☐	CU-T/A	990,- DM
www._____	☐	CU-K/A	950,- DM
	☐	CU-K/B	2.450,- DM
_____	☐	CU-T/A	990,- DM

Mit Ihrer Unterschrift erkennen Sie die umseitigen Lieferbedingungen an.

_____

Datum, Unterschrift

ProfNet Internet-Branchenstudien

Name	Beschreibung	ISBN	Art.-Bez.	Netto	MwSt.	Brutto
Automobil 1997	ca. 340 Seiten, gebunden, farbig		AMB97	260,00 DM	41,60 DM	301,60 DM
Buchverlage 1997	ca. 300 Seiten, gebunden, farbig		VER97	280,00 DM	44,80 DM	324,80 DM
Buchverlage 1998 (Internet-Bücher)	ca. 115 Seiten, gebunden, farbig		VER98	180,00 DM	28,80 DM	208,80 DM
Fußball 1998	ca. 340 Seiten, gebunden, farbig		FUSS98	290,00 DM	46,40 DM	336,40 DM
EDV-Hardware	ca. 50 Seiten mit CD-ROM*		HW98/CD	165,00 DM	26,40 DM	191,40 DM
EDV-Software	ca. 50 Seiten mit CD-ROM*		SW98/CD	165,00 DM	26,40 DM	191,40 DM
EDV-Handel-Dienstleistungen	ca. 50 Seiten mit CD-ROM*		DL98/CD	165,00 DM	26,40 DM	191,40 DM
Maschinenbau 1998	ca. 300 Seiten, gebunden, farbig		MSB98	280,00 DM	44,80 DM	324,80 DM
Nutzfahrzeuge 1998	ca. 100 Seiten, gebunden, farbig	3-933818-01-X	NFZ98	165,00 DM	26,40 DM	191,40 DM
Hotels 1998	ca. 330 Seiten, gebunden, farbig	3-933818-02-8	HOT98	298,00 DM	47,68 DM	345,58 DM
Teile & Zubehör 1998	ca. 230 Seiten, gebunden, farbig	3-933818-03-6	T&Z98	240,00 DM	38,40 DM	278,40 DM
Photo 1998	ca. 170 Seiten, gebunden, farbig	3-933818-04-4	FOT98	210,00 DM	33,60 DM	234,60 DM
Hochschulen 1998	ca. 320 Seiten, gebunden, farbig	3-933818-00-1	HS98	360,00 DM	57,60 DM	417,60 DM
Stadtwerke 98	ca. 130 Seiten, gebunden, farbig		VKU98	130,00 DM	20,80 DM	150,80 DM
TOP 500 1998	ca. 400 Seiten, gebunden, farbig	3-933818-06-0	TOP98	500,00 DM	80,00 DM	580,00 DM
Banken 1998	ca. 500 Seiten, gebunden, farbig	3-933818-05-2	BAN98	500,00 EUR	80,00 EUR	580,00 EUR
Reisen 1999	ca. 105 Seiten, gebunden, farbig	3-933818-07-9	REI99	145,00 DM	23,20 DM	168,20 DM
Buchhandel 1999	ca. 310 Seiten, gebunden, farbig	3-933818-08-7	BHL99	290,00 DM	46,40 DM	336,40 DM
Automobilhandel 1999	ca 320 Seiten, gebunden, farbig	3-933818-10-9	AMH99	345,00 DM	55,20 DM	400,20 DM
Weltautomobilhersteller	ca. 400 Seiten, gebunden, farbig	3-933818-11-7	WAS99	230,00 EUR	36,80 EUR	266,80 EUR
Webagenturen 1999	ca. 270 Seiten, gebunden, farbig	3-933818-09-5	WEB99	360,00 DM	57,60 DM	417,60 DM
Investor Relations 1999	ca 320 Seiten, gebunden, farbig	3-933818-12-5	DAI99	340,00 DM	54,40 DM	394,40 DM
WiWi Fakultäten 2000	ca. 240 Seiten, gebunden, farbig	3-933818-14-1	WiFa2000	360,00 DM	57,60 DM	417,60 DM
Banken International 2000	ca. 420 Seiten; gebunden; farbig	3-933818-15-X	WBS2000	950,00 DM	152,00 DM	1.102,00 DM

ProfNet Internet-Zielgruppenstudie

Name	Beschreibung	ISBN	Art.-Bez.	Netto	MwSt.	Brutto
Journalisten 2000	ca. 300 Seiten, gebunden, farbig	3-933818-17-6	JOU2000	860,00 DM	137,60 DM	997,60 DM

Internet-CheckUp

Name	Beschreibung	Art.-Bez.	Netto	MwSt.	Brutto
CheckUp-Kunde/A	Verbesserungsvorschläge (aus Kundensicht) für Ihren Internetauftritt ohne persönliche Präsentation	CU-K/A	950,00 DM	152,00 DM	1.102,00 DM
CheckUp-Kunde/B	Verbesserungsvorschläge (aus Kundensicht) für Ihren Internetauftritt mit persönlicher Präsentation	CU-K/B	2.450,00 DM*	392,00 DM	2.842,00 DM
CheckUp-Technik/A	Verbesserungsvorschläge (aus Techniksicht) für Ihren Internetauftritt ohne persönliche Präsentation	CU-T/A	990,00 DM	158,40 DM	1.148,40 DM

Lieferbedingungen:

1. Die angegebenen Endpreise verstehen sich incl. Porto und Verpackung.
2. Die Auslieferung der Internet-Studien und des CheckUps erfolgen in der Regel innerhalb von vier Wochen nach Auftragseingang. Wird der CheckUp mit persönlicher Präsentation gewünscht, ist der Termin mit uns abzustimmen.
3. Es gelten unsere allgemeinen Geschäftsbedingungen, die wir Ihnen auf Wunsch gerne zusenden.

Notizen: